Buch

Seit nunmehr zehn Jahren erfreuen sich Millionen Leser weltweit an den beliebten Hühnersuppen-Bänden. Die lebensbejahenden Weisheiten und liebenswerten Geschichten spenden Trost und schenken neuen Mut, erheitern und wärmen das Gemüt – das altbewährte Erfolgsrezept für Herz und Verstand.

Autoren

Jack Canfield zählt zu den führenden Persönlichkeitstrainern der USA und entwickelt u.a. Konzepte zum Aufbau des Selbstvertrauens.

Mark Victor Hansen ist Karriereberater. Seine Seminare und Vorträge befähigen die Zuhörer, ihre angeborenen Fähigkeiten im Berufs- und Privatleben optimal einzusetzen.

*Von Jack Canfield und Mark Victor Hansen
außerdem im Programm*

Hühnersuppe für die Seele (13209)
Kompass für die Seele (16666)

Jack Canfield
Mark Victor Hansen

Viel mehr Hühnersüppchen für die Seele

Aus dem Amerikanischen
von Burkhard Hickisch, Rita Höner,
Susanne Kahn-Ackermann, Peter Kobbe,
Gabriele Räbiger und Ulla Rahn-Huber

GOLDMANN

Sollte diese Publikation Links auf Webseiten Dritter enthalten, so übernehmen wir für deren Inhalte keine Haftung, da wir uns diese nicht zu eigen machen, sondern lediglich auf deren Stand zum Zeitpunkt der Erstveröffentlichung verweisen.

Verlagsgruppe Random House FSC®N001967

18. Auflage
Gekürzte Taschenbuchausgabe Mai 2005
© 2000, 2001, 2003 der deutschsprachigen Ausgabe
Wilhelm Goldmann Verlag, München,
in der Verlagsgruppe Random House GmbH, Neumarkter Str. 28, 81673 München
© 1996 Jack Canfield, Mark Victor Hansen, Maida Rogerson, Martin Rutte, Tim Clauss
für: »Chicken Soup for the Soul at Work«; 1996 Jack Canfield, Mark Victor Hansen,
Jennifer Read Hawthorne, Marci Shimoff für: »Chicken Soup for the Woman's Soul«;
1997 Jack Canfield, Mark Victor Hansen; Patty Aubery, Nancy Mitchell für: »Chicken
Soup for the Christian Soul«; 1997 Jack Canfield, Mark Victor Hansen, Kimberly
Kirberger für: »Chicken Soup for the Teenage Soul«; 1997 Jack Canfield, Mark Victor
Hansen, Jennifer Read Hawthorne, Marci Shimoff für: »Chicken Soup for the Mother's
Soul«; 1997 Jack Canfield, Mark Victor Hansen, Hanoch McCarthy, Meladee McCarthy
für: »Chicken Soup for the Soul – 4th Course«; 1998 Jack Canfield, Mark Victor
Hansen, Marty Becker, Carol Kline für: »Chicken Soup for the Pet Lover's Soul«; 1998
Jack Canfield, Mark Victor Hansen, Patty Hansen, Irene Dunlap für: »Chicken Soup for
the Kid's Soul«; 1999 Jack Canfield, Mark Victor Hansen, Barbara De Angelis, Mark
Donnelly, Chrissy Donnelly für: »Chicken Soup for the Couple's Soul«
Originalverlag: Health Communications Inc., Deerfield Beach, Florida, USA
Umschlaggestaltung: Design Team München
Umschlagmotiv: photonica/Gusto Images
Zeichnungen: Sabine Hüttenkofer
Zusammenstellung: Christine Stecher
Druck und Bindung: GGP Media GmbH, Pößneck
WR/BS · Herstellung: Han
Printed in Germany
ISBN 978-3-442-16747-0

www.goldmann-verlag.de

Inhalt

Freude schenken

Der hässliche Welpe 11
Nur ein ganz gewöhnlicher Dienstag 18
Gottes Lektionen 21
Schatz, du setzt dich besser erst mal hin 27
Die Hündin, die keiner wollte 35

Die Engel nahe bei dir

Der alte Fischer 45
Hoffe auf ein Wunder! 50
Angel in unserem Garten 56
Wir sind nicht allein 65
Engel auf Erden 69

Füreinander da sein

Miss Lilly 77
Eingeschneit 83
Jemand, der auf mich Acht gibt 87

In Gedanken bei dir 92
Der Weihnachtspfadfinder 99

Sich für das Wunderbare öffnen

Eine Legende über die Liebe 107
Großmama Ruby 113
Ein Freund am Telefon 115
In der Sonntagsschule 121
Die Hündin, die als Antwort kam 122

Von Herz zu Herz

Nach vierzig Jahren 133
Die kleinen roten Stiefel 141
Ein Engel in Uniform 145
In jedem Frühjahr blüht der Flieder 148
Die Verbindung zu den Menschen 154

Gesten der Liebe und des Vertrauens

Gib es weiter 163
Kelly, der fliegende Engel 168

Mit dem Herzen sehen 175
Die weiße Gardenie 180
Becky und der Wolf 184

Visionen und Erfolge

Nur zwanzig Minuten 195
An meinem Traum festhalten 197
Glauben 200
Therapeutisches Reiten 202
Eine Lady namens Lill 207
Lass dein Licht leuchten 211

Abdruckgenehmigungen 215
Register 218

Freude schenken

Macht es euch zum Grundsatz,
Menschen und Dinge zu jeder Zeit
und unter allen Umständen
im allergünstigsten Licht zu beurteilen.

Hl. Vinzenz von Paul

Der hässliche Welpe

> Alles, was man liebt, ist wunderschön.
> JEAN ANOUILH

Im Frühjahr 1980 lebte ich in Woodstock im Bundesstaat New York, als meine Tibetterrierhündin Shadow sechs Junge zur Welt brachte. Ich verkaufte den gesamten Nachwuchs bis auf einen Welpen, den niemand haben wollte. Tibetterrier sind für ihr glänzendes Fell bekannt, das aus zwei Schichten besteht. Die untere ist dick und baumwollartig, während die obere mit ihrem seidigen Glanz an menschliches Haar erinnert. Die Kombination dieser beiden Schichten gibt dem Hund sein flauschiges Aussehen, das sehr beliebt ist. Auch das wohlproportionierte Gesicht dieser Hunderasse wird oft gerühmt. Mein Welpe besaß jedoch nichts von beidem. Die kleine Hündin hatte eine zu lange Schnauze und ein völlig unscheinbares Fell. Da die untere Schicht fehlte, war die Oberschicht dünn und struppig. Sie sah aus wie ein Vagabund, der es gerade noch vor dem Regen ins Trockene geschafft hatte. Ein potenzieller Käufer meinte stellvertretend für alle anderen Interessenten: »Sie macht zwar einen zufriedenen Eindruck, aber ihr Äußeres ist nicht gerade ansprechend.« Niemand wollte unsere kleine Freundin, noch nicht einmal geschenkt!

Ich war erstaunt, dass niemand die seltenen Qualitäten dieser Hündin zu schätzen wusste. Sie war von Natur aus glücklich, und obgleich alle Welpen Freude verströmen, hatte sie einen sechsten Sinn, eine gewisse spirituelle Präsenz, so als ob sie in die Menschen hineingucken und sie zufriedener machen konnte.

Im Juni hatte ich die kleine Hündin immer noch, denn ihr »Haarproblem« war nicht aus der Welt zu schaffen. Ich musste in ein paar Tagen zurück an die Uni und wollte unbedingt vorher noch jemanden finden, bei dem sie gut aufgehoben war.

Eines Abends hatte ich eine Idee. Ungefähr eine Meile von meinem Wohnort entfernt lag ein tibetisches Kloster, in dem ich ab und zu war, um zu meditieren. Einige der dort lebenden tibetischen Mönche kannten mich sogar persönlich. Vielleicht war einer von ihnen willens, meine Hündin zu adoptieren. Es kam auf einen Versuch an.

Am nächsten Morgen fuhr ich mit meiner kleinen Freundin zum Kloster. Als ich ankam, standen viele Autos auf dem Parkplatz. *Oje, hier ist es immer so ruhig gewesen. Was geht hier vor?*, dachte ich. Ich stieg mit dem Welpen auf dem Arm aus dem Wagen und ging die Stufen hoch bis zum vertrauten Eingangstor. Als ich in die Eingangshalle trat, sah ich viele Menschen von einer Wand zur anderen Schlange stehen. Sie warteten offensichtlich auf etwas, das hinter den handgeschnitzten Innentüren stattfand. Plötzlich erblickte ich ein bekanntes Gesicht. Es war ein Mönch, den ich bei einem früheren Besuch kennen gelernt hatte. Als er mich mit dem Hund sah, grinste er über das ganze Gesicht und sagte: »Komm bitte mit.«

Er zog mich am Ärmel und stellte mich vor die wartende Schlange. Nach einem speziellen Klopfzeichen sprang die zweiflügelige Tür auf, und wir wurden von einem weiteren Mönch begrüßt. Der eine Mönch flüsterte dem anderen etwas ins Ohr, worauf dieser zustimmend nickte. Die kleine Hündin und ich wurden daraufhin an die Spitze einer weiteren Warteschlange geschoben, in der Menschen standen, die alle irgendein Geschenk in der Hand hielten, sei es eine Frucht, eine Süßigkeit, eine Pflanze, wertvolle Schalen oder selbst gemachte künstlerische Objekte.

Als ich zur Stirnseite des Raumes blickte, sah ich dort jemanden mit großer Ausstrahlung und strahlenden Augen sitzen, von Kopf bis Fuß in roten und goldgelben Samt gehüllt. Dieser eindrucksvolle Mann schaute zuerst auf meinen Welpen und blickte anschließend mir direkt in die Augen. Er streckte seine offenen Hände aus und sagte: »Ja, ja. O ja.« Er legte der kleinen Hündin ein rotes Band um den Hals und sang dabei ein mir unbekanntes Lied. Danach legte er auch mir singend ein Band um den Hals und sang weiter, als er mir langsam die kleine Hündin aus dem Arm nahm. Behutsam umhüllte er sie dabei mit seiner samtenen Robe. Er nickte und verbeugte sich, wobei er etwas in einer fremden Sprache sagte. Er legte mir kurz seine Hand auf den Kopf und machte kehrt, um mit meinem Welpen im Arm zu seinem Sitz zurückzukehren.

Der Mönch, der mich in den Raum geführt hatte, sorgte nun dafür, dass ich schnell wieder draußen war. In der Eingangshalle kamen andere Mönche hinzu und führten mich durch das große Tor des Klosters nach draußen. Da stand ich nun hundelos oben auf den Stufen und sollte einen Moment warten.

Während ich wartete, durchströmte mich eine Woge mütterlicher Besorgnis. *Wo ist mein Hund, und was geschieht mit ihm?*, dachte ich. Ich wandte mich an einen der Umstehenden und erzählte ihm, was ich in den vergangenen fünfzehn Minuten erlebt hatte.

Er lächelte und erklärte mir, dass ich dem »Karmapa« begegnet sei, einem sehr hoch stehenden Mönch in der buddhistisch-tibetischen Tradition, der in der spirituellen Hierarchie gleich hinter dem Dalai Lama komme. Er erzählte mir, was für ein großes Glück ich habe, weil heute der berühmte und geliebte Karmapa aus Tibet hier sei, um das Kloster und das umliegende Land zu segnen. Aus der ganzen Welt seien Menschen gekommen, um ihm Geschenke zu bringen, aber nur wenige hätten es geschafft, in den Raum vorzudringen, in dem er die Geschenke in Empfang nehme. Dort hineinzugelangen und von Seiner Heiligkeit gesegnet zu werden sei ein viel versprechendes Ereignis. Und dass er auch noch mein großzügiges Geschenk so liebevoll aufgenommen habe, sei ein Moment, wie er nur ganz selten im Leben geschehe. Mein Gegenüber schüttelte ungläubig den Kopf. »Du musst in vergangenen Leben große Verdienste errungen haben, damit dir jetzt dieses Glück zuteil werden konnte.« Nachdenklich schloss er seine Augen für einen Moment und fügte hinzu: »Vielleicht sind es aber auch die Verdienste deines Hundes!«

In diesem Augenblick flog das Eingangstor auf, und dieser wunderbare buddhistische Mönch verließ das Gebäude und schritt die mit einem roten Teppich bedeckten Stufen hinab. Erhobenen Hauptes verabschiedete er sich von den Frauen und Kindern, die ihn umringten und ihm aus großen Blumenkörben Blüten vor die Füße streuten.

Ich war von dem Anblick so bezaubert, dass ich den Welpen im Arm des Karmapas anfangs gar nicht bemerkte. Plötzlich jedoch stach mir meine kleine Hündin in die Augen. Bislang hatten alle sie für hässlich gehalten, aber nun sah sie ganz wundervoll aus! Der Karmapa hielt sie stolz in die Höhe, und die Menge schrie entzückt auf. Auch die Hündin schien mir außer sich vor Freude zu sein.

Von nun an lief alles wie in Zeitlupe ab. Der Karmapa schritt weiter mit dem Welpen im Arm die Treppe hinunter. Unten angekommen, stieg er langsam in die bereits wartende Limousine. Obwohl der Wagen von einer Menschenmenge umzingelt wurde, erhaschte ich einen letzten Blick auf den Hund und den Karmapa hinter den getönten Scheiben. Als ich beide in der Limousine zusammensitzen sah, wusste ich, dass es meine kleine Hündin gut haben würde. Sie war jetzt nicht einfach nur beim Karmapa, sondern saß direkt auf seinem Schoß. Beide schienen in der kurzen Zeit viel Respekt und Vertrauen füreinander gewonnen zu haben. Und so fuhr die Limousine mit ihnen davon und hinterließ einen Pfad farbenprächtiger Rosenblüten.

Die Mönche des Klosters informierten mich in der Folgezeit immer wieder über die Abenteuer und Aufenthaltsorte der kleinen Hündin. Ich hörte, wie der Karmapa im Laufe der Jahre mit seiner Tibetterrierhündin die ganze Welt bereiste. Der Karmapa schätzte seine nicht menschliche Begleiterin über alle Maßen, und so war sie während ihres ganzen Lebens nur sehr selten von ihm getrennt. Ihr fröhlicher Gesichtsausdruck bescherte ihm und anderen immer ein Gefühl der Freude, und daher gab er ihr einen tibetischen Namen, der im Deutschen »Die wunderschöne Glückliche« bedeutet. Sie wurde zu seiner Freundin und ergebenen Begleiterin und verbrachte fast ihr ganzes Leben an seiner Seite.

Anfangs hielten sie alle für hässlich, und niemand

schätzte ihre wahren Qualitäten, obwohl sie von Geburt an pures Glück verströmte. Mir kommt es vor, als hätte die wunderschöne Glückliche von Anfang an gewusst, dass sie in diesem Leben ihrem wundervollen Freund, dem Karmapa, begegnen würde, der ihre wahre Schönheit schätzte und ihr großes Herz liebte.

Angel Di Benedetto

Nur ein ganz gewöhnlicher Dienstag

An einem stürmischen Dienstag in den frühen Fünfzigerjahren kam ein guter Freund von uns vorbei, um uns die Nachricht von der Geburt seiner Tochter zu bringen. Er fragte meinen Mann Harold, ob er mit ihm ins Krankenhaus käme. Sie sagten, ich solle sie zum Abendessen zurück erwarten.

Die beiden machten bei einem Blumengeschäft Halt, um für die junge Mutter eine Schale mit Tulpen auszusuchen, und es kam meinem Liebsten in den Sinn, auch für seine Ehefrau Tulpen mitzubringen. Darüber hinaus entschied er sich noch für zwei Dutzend rote Rosen und setzte alles unter die Ausgaben, die ich in unserer Liste für Beerdigungen und Sonstiges vorgesehen hatte. (Ich nehme an, er war der Ansicht, dies falle unter Sonstiges.)

Nach dem Besuch im Krankenhaus gingen sie noch kurz auf ein Bier in das Gasthaus »Zum Hahn« und nahmen die Blumen mit, damit sie im Wagen nicht welkten. Wie das so ist, führte eins zum anderen, und die Stammgäste des Hauses erkundigten sich nach Sinn und Zweck der roten Rosen und der Tulpen. Unvorbereitet und etwas ärgerlich antwortete Harold: »Sie sind ein Geschenk zum Hochzeitstag für meine Dot.«

Doch es war nicht unser Hochzeitstag und auch nicht

mein Geburtstag – nur ein ganz gewöhnlicher Dienstag. Ein Stammgast nach dem anderen gab meinem Mann und seinem Freund einen Drink zur Feier seines Hochzeitstages aus. Gegen halb zehn Uhr zogen die Stammgäste ihn dann damit auf, dass er allein feierte. »Meine Frau hat bis zehn Uhr zu tun«, antwortete er. »Sie trifft mich hier zum Steakessen im Kiefernzimmer.« Daraufhin bestellte er nicht nur für uns, sondern für alle Stammgäste des Hauses Steaks. Der Wirt deckte die Tafel frohen Mutes für achtzehn Personen.

Nun gab es ein Problem: Wie konnte ich dazu bewegt werden, auf der Bildfläche zu erscheinen? Es war nicht mein Lieblingsrestaurant, es war spät, er hatte das Abendessen verpasst, und ich war höchstwahrscheinlich besorgt und verärgert.

Mein Angetrauter rief ein Taxi und sagte dem Fahrer, der ein Freund von ihm war, dass er nach Dublin fahren und zu Dot sagen solle, er sei in Schwierigkeiten im Gasthaus »Zum Hahn« und sie solle sofort kommen. Ich war in Nachthemd und Bademantel und hatte hässliche metallene Lockenwickler im Haar, als der Taxifahrer klingelte. Ich warf einen Mantel über, zog meine Stiefel an und lief hinaus.

Die Bar war leer, als wir im »Hahn« ankamen. »Meine Güte«, sagte ich. »Es muss wirklich etwas Ernstes sein.« Eine Kellnerin führte mich in den verdunkelten Bankettraum. »Überraschung! Überraschung!« Harold stand auf und schob mir meinen Stuhl hin. Er küsste mich auf die Wange und flüsterte: »Ich werde es dir später erklären.« Das wird er tun, darauf kannst du wetten.

Nun gut, Rosen sind Rosen, Steak ist Steak, und verheiratet ist verheiratet, in guten wie in schlechten Tagen. Ich roch an den Rosen, lächelte meinen fremden Gästen zu, und unter dem Tisch gab ich meinem Mann hörbar einen Tritt. Ich hatte nie zuvor mit diesen Menschen gespeist und würde es aller Wahrscheinlichkeit nach auch nie wieder tun, doch wusste ich, dass ihre Glückwünsche aufrichtig waren. Ich tanzte in meiner Zubettgehgarderobe und meinen Stiefeln sogar den »Hochzeitswalzer«, um die Tatsache zu feiern, dass es nur ein ganz gewöhnlicher Dienstag war.

DOROTHY WALKER

Gottes Lektionen

> Wir können nicht ohne Schmerz durch das Leben gehen… Wir können einzig und allein wählen, wie wir den Schmerz verwandeln, den das Leben uns bringt.
> BERNIE S. SIEGEL

Es gab eine Zeit in meiner Kindheit, in der ich glaubte, dass Gott unsere ganze Familie bestrafte, indem er uns zusehen ließ, wie mein einziger Bruder starb.

Mein Bruder Brad litt an Hämophilie. Bei Hämophilie-Kranken gerinnt das Blut nicht in normaler Weise; bei Schnittverletzungen ist es demnach sehr schwierig, die Blutung zu stoppen. Verliert der Kranke zu viel Blut muss er unbedingt Blutkonserven bekommen, damit sein Körper weiter funktionsfähig bleibt.

Obwohl Brad wegen seiner Hämophilie nicht so aktiv wie andere Kinder sein konnte, hatten wir viele gemeinsame Interessen und verbrachten eine Menge Zeit zusammen. Brad und ich fuhren mit den Kindern aus der Nachbarschaft Fahrrad, und im Sommer schwammen wir die meiste Zeit in unserem Swimmingpool. Wenn wir Football oder Baseball spielten, warf Brad den Ball. Brad suchte einen kleinen Hund für mich aus, als ich sieben war, und ich nannte ihn Piwie. Mein

Bruder Brad war mein Beschützer und mein bester Freund.

Als Brad zehn Jahre alt war, bekam er von jemandem eine Blutkonserve, der nicht wusste – oder zu egoistisch war, es zuzugeben –, dass er oder sie durch das Aidsvirus infiziert war.

Ich war gerade in die sechste Klasse gekommen, als mein Bruder erste schwere Symptome aufwies und bei ihm Aids diagnostiziert wurde. Er war noch neu auf der High School und gerade erst fünfzehn geworden. Zu jener Zeit waren viele Menschen nicht darüber aufgeklärt, wie man Aids bekommen konnte, und hatten Angst, sich in der Nähe von Menschen aufzuhalten, die sich infiziert hatten. Meine Familie war besorgt darüber, wie die Menschen reagieren würden, wenn sie herausfanden, dass mein Bruder Aids hatte.

Unser aller Leben veränderte sich, als Brads Symptome sichtbar wurden. Ich konnte meine Freunde nicht mehr zum Übernachten zu mir einladen. Immer wenn ich ein Basketballspiel hatte, konnte nur ein Elternteil zuschauen, denn einer musste bei Brad bleiben. Während der Zeit, als er im Krankenhaus war, mussten meine Eltern häufig bei ihm bleiben. Manchmal waren sie für eine Woche am Stück nicht zu Hause, und ich blieb bei einer Nachbarin oder bei meiner Tante. Ich wusste nie, wo ich am nächsten Tag sein würde.

Bei aller Traurigkeit und Verwirrung begann ich,

mich darüber zu ärgern, dass ich kein normales Leben führen konnte. Meine Eltern konnten mir nicht bei meinen Hausaufgaben helfen, weil sie sich ganz auf Brads Bedürfnisse konzentrieren mussten. Ich kam in der Schule nicht mehr richtig mit. Die emotionale Belastung, dass ich Brad, meinen besten Freund, langsam verlor, machte die Dinge noch schlimmer. Ich wurde immer wütender und brauchte jemanden, dem ich die Schuld geben konnte, also richtete ich meinen Ärger gegen Gott.

Obwohl ich wusste, wie grausam Kinder sein konnten, war es für mich eine Last, seinen Zustand geheim halten zu müssen. Ich wollte nicht, dass irgendjemand meinen Bruder sah, so wie er da in Windeln lag und ganz und gar nicht seinem früheren Selbst ähnelte. Ich wollte ihn in der Schule nicht zur Zielscheibe der Witze machen. Es war nicht meines Bruders Schuld, dass seine zwölf Jahre alte Schwester ihm die Windeln wechseln oder ihn mittels einer Kanüle füttern musste.

Das Aidsvirus fügte Brads Gehirn Schaden zu und zerstörte den Menschen, zu dem er herangewachsen war. Plötzlich wurde er wieder zu einem sehr kleinen Kind. Anstatt die aktuelle, moderne Musik zu hören oder über die Dinge zu reden, die Kinder seiner Altersstufe in der Schule interessierten, sollten wir ihm aus Büchern aus seiner Kindheit vorlesen. Er verlangte von mir, ihm beim Anmalen der Bilder zu helfen. Ich hatte das Gefühl, meinen Bruder schon verloren zu haben, während er noch am Leben war.

Ich erinnere mich an den Tag, an dem Brad starb, so als sei es erst gestern gewesen. Der alte, muffig riechende Raum war mit bekannten Gesichtern gefüllt. Der ausgemergelte Körper meines Bruders lag im Bett. Der Körper war nun leer und litt nicht länger Schmerzen. So endete das Leben meines einzigen Bruders – zwei Wochen vor seinem achtzehnten Geburtstag.

Wie Brad erhielten in den Jahren 1980 bis 1987 über zehntausend Bluter Blutkonserven, die mit dem Aidsvirus infiziert waren. Neunzig Prozent dieser Menschen mit schwerer Hämophilie, die infiziert wurden, leben entweder mit dem Aidsvirus oder sind daran gestorben. Wenn das Blut, das sie erhielten, vorher getestet worden wäre, hätte ihr früher Tod verhindert werden können. Aus meiner Sicht ist mein Bruder ermordet worden.

Die Medikamente, die ihm versuchsweise im Kampf gegen das Aidsvirus verabreicht wurden, verschlimmerten seinen Zustand noch. Sogar einige Ärzte schienen sich die Frage nach dem Nutzen all dessen zu stellen. Diese Umstände machten es teilweise noch schmerzvoller, ihn zu verlieren.

Seitdem er von uns gegangen ist, habe ich nach einem Grund für sein Leben und für seinen Tod gesucht. Obwohl es möglicherweise keine endgültige Antwort auf meine Frage gibt, glaube ich, einen Grund gefunden zu haben. Brad brachte uns viele Dinge bei. Auch jetzt bringt er Menschen noch etwas bei durch die Geschichte seines Lebens. Erst vor ein paar Tagen habe ich jemandem seine Geschichte erzählt, und dieser Mensch hat dadurch etwas gelernt.

Brad war ein Mensch, der immer für das kämpfte, woran er glaubte. Er brachte seinen Freunden und Familienangehörigen bei, nicht aufzugeben. Er gab nie auf, und er kapitulierte nie vor seiner Hämophilie. Obwohl Brad wegen dieser Umstände etwas Besonderes war, beanspruchte er nie eine besondere Behandlung für sich. Er spielte Basketball – mit dem Herzen von Larry Bird und mit dem Körper eines Bluters. Jene, die bei einem seiner Spiele in der Grundschule zuschauten, sahen ihn, wie er mühsam das Spielfeld auf und ab lief und sein Äußerstes gab.

Aus Respekt vor seinem Andenken haben wir nicht aufgegeben. Meine Familie und ich waren aktiv daran beteiligt, dass Menschen mit Hämophilie und Aids mit größerem Verständnis behandelt werden. Wir wurden in einer Fernsehsendung interviewt. Wir sind zweimal nach Washington, D. C., gefahren und haben für die Verabschiedung des Ricky-Ray-Gesetzes durch den Kongress gekämpft. Dieses Gesetz soll Familien helfen, die ähnliche oder schlimmere Dinge durchgemacht hatten. Das Gesetz wurde nach einem Jungen benannt, der die Schule verlassen musste, weil er Aids hatte. Menschen, die vor Aids Angst hatten und dachten, sie könnten sich durch ihn infizieren, steckten das Haus seiner Familie in Brand. Die Leute verstanden nicht, dass Menschen durch infizierte Bluttransfusionen Aids bekommen können.

Mein Bruder verbreitete bei so vielen Menschen Liebe und Freude, als er am Leben war, dass sein Tod uns leer und traurig zurückließ. Bevor er mit Aids infiziert wurde, war mein großer Bruder Brad mein Beschützer und der Mensch gewesen, dem ich alle meine Geheimnisse anvertrauen konnte. Brad kann mich nicht länger beschützen und nicht einmal mehr mit mir sprechen, und ich vermisse ihn jeden Tag.

Seit Brads Tod bin ich zu dem Schluss gekommen, dass Gott meine Familie nicht bestraft hat. Er hatte uns einfach nur ein Geschenk der Liebe gegeben – meinen Bruder Brad –, das zurückgenommen werden musste. Mit diesen Lektionen Gottes kann ich meine Reise fortsetzen – diese Reise, die Leben genannt wird. Ich tue es in der Hoffnung, dass jeder, der Brads Geschichte hört, aus ihr lernen wird, wie kostbar das Leben ist.

Jennifer Rhea Cross

Schatz, du setzt dich besser erst mal hin

Also, wenn Sie mich fragen – das Leben kann völlig ungeahnte Wendungen nehmen. Zum Beispiel kann an einem ganz gewöhnlichen Tag ein einziger Telefonanruf alles verändern.

Mein Mann Gary betrachtet das Leben ein bisschen anders als ich. Er ist ein großer, liebenswürdiger und ruhiger Mann, und ich bin sicher, dass er nicht wusste, worauf er sich da einließ, als er mir einen Antrag machte. Erstens einmal war ich die Mutter von vier, schon größtenteils erwachsenen Kindern. Gary war ein eingefleischter Junggeselle. Ich rede gern über alles. Er fühlt sich häufig wohler, wenn er die Dinge niederschreibt. (Beispielsweise kam sein Heiratsantrag in der Form eines Multiple-Choice-Fragebogens mit beigefügtem Ring.) Mir liegt es, mich »dem Fluss der Dinge« anzupassen. Er findet inneren Rückhalt in der Tagesroutine.

Doch wir schienen einander gut zu ergänzen, und unsere Ehe funktionierte gut. Wir waren glücklich. Da er so großartig mit meinen erwachsenen Kindern umging, fragte ich mich gelegentlich, ob er nicht gern selbst ein Kind aufziehen würde. Aber er wusste, dass ich über das Gebäralter hinaus war, als er mir einen Antrag machte, und er hat mich trotzdem gebeten, ihn zu heiraten.

Von Beginn unserer Ehe an kam Gary jeden Abend von der Arbeit nach Hause und fragte mich: »Wie war dein Tag heute, Liebling?« Oft schien er sich wegen meiner manchmal unerwarteten Antwort auf diese Frage köstlich zu amüsieren. Eines Tages, zwei Jahre nach unserer Heirat, lautete meine diesbezügliche Antwort: »Schatz, was den heutigen Tag angeht, setzt du dich besser erst mal hin.«

Meine älteste Tochter Mia war vor kurzem von ihrer Firma nach Texas versetzt worden. Sobald sie dort war, hatte sie vier neue Trainees eingestellt und sie zu einer Schulung in die Firmenzentrale, die sich in der Nähe unseres Wohnsitzes befand, begleitet. Als sie mich aus dem Motel anrief, in dem sie wohnten, rund vierzig Minuten von unserem Haus entfernt, war jede Spur managermäßiger Gelassenheit aus ihrer Stimme verschwunden.

»Mami, du wirst es nicht für möglich halten, was gerade passiert ist! Etwas Derartiges berichten sie einem sonst in der ›Oprah-Winfrey-Show‹«!

»Was denn, Mia?« Sie hatte natürlich meine Neugier geweckt.

»Eine von den jungen Frauen, die ich eingestellt habe, konnte die ganze Nacht über vor schweren Magenschmerzen nicht schlafen. Schließlich riefen wir einen

Krankenwagen. Naja, und gerade hat das Krankenhaus angerufen – sie hat ein Baby bekommen! Keiner wusste, dass sie schwanger war, sie auch nicht!«

»Ja, klar«, sagte ich amüsiert, aber ungläubig.

»*Wenn ich's dir doch sage!* Bei ihrem Vorstellungsgespräch wirkte sie nicht im Mindesten schwanger. Und ich bin sicher – hätte sie's gewusst, dann hätte sie nicht den Arbeitsplatz gewechselt und wäre auch nicht am voraussichtlichen Entbindungstermin zu einem zehntägigen Schulungsseminar gefahren. Das ist unglaublich! Ich gehe jetzt ins Krankenhaus.«

Ich, die ich vier sehr wahrnehmbare Schwangerschaften hinter mir hatte, schüttelte lachend den Kopf und machte mich an meine tägliche Arbeit.

Gegen vier rief Mia nochmals an. »Mami, du wirst das nicht für möglich halten. Weil ja daheim in Texas sowieso niemand etwas von Judys Schwangerschaft mitbekommen hat, fährt sie morgen nach Hause, als ob überhaupt nichts passiert wäre!«

»Als ob nichts passiert wäre?«, fragte ich verwirrt. »Aber was ist mit dem Baby?«

»Sie lässt es hier. Sie ist überzeugt, dass die Sozialeinrichtungen jemanden finden werden, der es haben will.«

Ich war völlig perplex. »Aber … man kann doch nicht ein Kind ohne irgendwelche Anweisungen sich selbst überlassen. Dann wandert es womöglich jahrelang von einer Pflegefamilie zur nächsten! Da nehme ich das Kind doch lieber selbst, bevor ich so was zulasse!«

»Mami«, stotterte Mia, »du willst *was* tun?«

»Also ich – äh – na ja … nun, du sprichst mit der Mutter und fragst, ob sie nicht gern eine Anschrift und eine Telefonnummer hätte, die sie bei dem Kind lassen kann, damit es ihr nicht achtzehn Jahre lang im Sozialsystem verloren geht.« Schon während ich es sagte, war mir bewusst, dass mich da gerade ein unwiderstehlicher Drang überkam. Ich fügte hinzu: »Ich sollte, glaube ich, besser erst mal mit Gary reden.«

Das war ein Tag, an dem Gary zu seinem üblichen Zeitpunkt nach Hause kam und seine übliche Frage stellte, und ich antwortete: »Schatz, was den heutigen Tag angeht, setzt du dich besser erst mal hin.«

Ich erzählte die Geschichte, und ungläubig erwiderte Gary: »Ja, klar, es wird sich selbst überlassen werden. Äh, häh, klar, wir werden es adoptieren.«

Und so seltsam es auch klang – ich war mir sicher, dass es das Richtige war: »Schatz«, sagte ich, »eine solche Gelegenheit bietet sich nur einmal im Leben. Wenn Mia nicht versetzt worden wäre, wenn sie nicht diese spezielle Frau eingestellt oder sie nicht zu diesem Seminar hierher gebracht hätte … Also bitte – ein Kind auf einem goldenen Tablett! Wenn du überhaupt ein eigenes Kind möchtest, dann ist dies die einzige Möglichkeit, wie das geschehen kann!«

Überwältigt antwortete er: »Nun, man kann eine so wichtige Entscheidung nicht innerhalb von Minuten treffen!«

Da ich wusste, dass er morgens wesentlich früher aufwachte als ich und dass er große Entscheidungen gern schriftlich abhandelte, sagte ich: »Schlaf drüber, und lass mir morgen früh ein Briefchen da.«

Am nächsten Morgen war Gary schon früh aus dem Haus, wie gewöhnlich – aber er hatte kein Briefchen für mich hinterlassen. Ich war enttäuscht, denn ich war mir so sicher, dass es richtig war, dass es Bestimmung war!

Punkt neun Uhr morgens klingelte das Telefon. »Hallo, Sherry! Hier ist Sue. Ich bin eine Sozialarbeiterin aus dem Krankenhaus. Ich habe gerade mit der Mutter geredet, und sie sagte, dass Sie das Baby haben können. Kommen Sie und holen die Kleine ab?«

Was sollte ich machen? Ich für meinen Teil war bereit, unsere Welt auf den Kopf zu stellen. Doch Gary beließ es anscheinend lieber bei dem wohl geordneten Leben, das wir bisher führten.

Aber während ich nach Worten suchte, hörte ich Schritte auf der Treppe. Zu meiner Überraschung war es Gary, überhaupt nicht außer Haus und bei der Arbeit.

Er setzte sich auf das Bett und flüsterte: »Mit wem sprichst du?«

Ich schnappte mir ein Stück Papier und schrieb: »Wie wär's? Möchtest du gern dein Töchterchen abholen?«

Er nahm den Kugelschreiber und kritzelte auf das Papier: »Was ist, wenn sie krank wird? Brauchen wir einen Anwalt? Was wird es kosten? Was ist, wenn die Mutter es sich anders überlegt?«

Ich las es, zerriss das Papier in zwei Teile und reichte ihm wieder die ursprüngliche Frage hin: »Wie wär's? Möchtest du gern dein Töchterchen abholen?«

Sue meldete sich am Telefon: »Haben Sie einen Anwalt?«

»Nein«, sagte ich. »Wie viel wird das Ganze etwa kosten?«

»Ich werde Ihnen zunächst einen Anwalt besorgen und mich genau erkundigen«, sagte sie und legte auf.

Fünf Minuten später kam der Rückruf. »Ich hab einen Anwalt gefunden, und der sagt: Da bis jetzt niemand involviert war, wird es etwa 2000 Dollar kosten. Haben Sie so viel flüssig?«

Mann!, dachte ich, *2000 Dollar. Und ausgerechnet jetzt, wo ich endlich all meine Schulden abbezahlt habe.* Dann sagte ich: »Das wird gehen. Wir können ja bar einen Vorschuss leisten!«

Gary, der anscheinend noch immer ganz überwältigt war, fuhr schließlich zur Arbeit. Ich hetzte zum Drogeriemarkt, um Windeln und Babynahrung zu kaufen, und versuchte dann, meine üblichen Arbeiten so gelassen wie möglich anzugehen. Die Rechtsanwälte und Behörden leiteten nun die gesetzlichen Formalitäten ein, aber es kam mir noch immer unwirklich vor. Und damit nicht genug: Ich war mir noch immer nicht sicher, ob Gary bereit war, bei dieser Sache mitzumachen.

An diesem Abend begleitete mich Gary zu einer Lesung mit anschließender Buchsignierung. Nicht gerade ein Partylöwe, trug er die ganze Zeit seine übliche abgeklärte (oder gelangweilte?) Miene zur Schau. Als die Veranstaltung vorbei war, dachte ich: *Jetzt oder nie!*

»Schatz«, sagte ich, »gehn wir sie besuchen.«

»Das können wir nicht«, antwortete er sachlich. »Die Besuchszeit ist in zehn Minuten vorbei, und die Fahrt zum Krankenhaus dauert zwanzig Minuten.«

»Ach, komm schon«, sagte ich, während ich ihn nach draußen und in den Wagen lotste.

Als wir im Krankenhaus ankamen, folgte uns ein Geraune durch die Gänge. In der Schwesternstation, zu der man uns führte, erklärten die Schwestern: »Das ist für uns alle ein ungewöhnlicher Vorfall. Wenn die Sanitäter gewusst hätten, dass das Mädchen schwanger war, hätten sie es die Straße weiter runter in eine Klinik für werdende Mütter gebracht. Wir haben hier ja nicht einmal eine Entbindungsabteilung.« Das wurde allseits mit Gegrinse und Gekicher quittiert.

Sie beschrieben uns den Weg, und Gary und ich gingen einen langen Flur hinunter. Mein großer, ruhiger Mann drückte zaudernd die Klinke der Tür herunter.

Vor uns öffnete sich ein riesiges, leeres Zimmer. Allerdings kein völlig leeres: In der Mitte stand ein Kinderbettchen.

Gemeinsam näherten wir uns und sahen ein winziges Baby darin liegen. Gary beugte sich hinunter, um die Kleine zu berühren. Als er das tat, langte sie nach ihm und legte ihre winzigen Finger um seinen. Ich sah zu und hörte Gary mit seiner tiefen Stimme flüstern: »Hallo, Schatz! Hier ist dein Papi.«

So unvorhergesehen auch alles geschehen war – es war so, als hätten Papa und Tochter die ganze Zeit nur aufeinander gewartet.

Manche Dinge, glaube ich, sind einfach Bestimmung.

Es kann aber womöglich noch ein Weilchen dauern, bis Gary wieder völlig entspannt ist, wenn er fragt: »Wie war dein Tag heute, Liebling?«

SHERYL NICHOLSON

Die kleine Hündin, die keiner wollte

> Wenn die Gebete eines Hundes erhört würden, regnete es Knochen vom Himmel.
> ALTES SPRICHWORT

Es war ein heißer Tag in meiner Heimatstadt im südlichen Missouri, als Dad im Sommer 1979 auf Tippy stieß – oder besser: Tippy meinen Vater fand.

Die meiste Zeit seines Lebens hatte sich Dad nicht viel aus Hunden gemacht, aber der Anblick des mageren, mit Räude infizierten Welpen hatte eine Tür in seinem Herzen geöffnet, durch die der arme kleine Hund hindurchschlüpfen konnte.

An jenem Morgen hatte sich Dad mit Kunden in dem Elektroladen getroffen, in dem er nach seiner Pensionierung halbtags arbeitete. Plötzlich stürzte laut kläffend ein verängstigter kleiner Hund in den Laden, der offensichtlich keinen Besitzer hatte.

»Ich habe schon viele Jahre auf dem Buckel«, sagte Dad am Abend, als er mit einem Pappkarton zur Tür hereintrat, »aber ich habe niemals etwas so Bemitleidenswertes gesehen wie dieses hier.« Er öffnete den Karton und zeigte uns den armseligen, kranken, verwahrlosten Welpen.

Dad konnte nicht länger die Tränen zurückhalten. »Ich konnte sie einfach nicht wieder auf die Straße werfen. Schaut sie euch nur an ... sie braucht dringend unsere Hilfe. Sie hat die ganze Zeit über nur gewimmert und ist so verängstigt.« Meine Mutter nahm Dad den Karton aus der Hand, als er sagte: »Schau dir diese offenen Entzündungen an. Wer konnte es nur zulassen, dass sie in einen solchen Zustand geriet?«

Mom betrachtete den Kartoninhalt aus der Nähe und wich erschrocken zurück. »Sie ist nicht mehr zu retten«, sagte sie zu meinem Vater und schüttelte ungläubig ihren Kopf. »Der Tierarzt sollte sie so schnell wie möglich von ihrem Leid befreien.«

Die kleine Terrierhündin war nicht größer als ein Wasserkessel und von Krankheit und Hunger gezeichnet. Leblose Augen saßen traurig über einer dünnen, spitzen Nase, und lange, dürre Beine umschlangen einander wie gekochte Spaghetti.

»Es tut mir aufrichtig Leid«, meinte der Tierarzt am nächsten Tag zu meinem Vater. »Ich kann wirklich nichts mehr für sie tun. Sie ist nicht mehr zu retten.«

Aber Dad bestand auf Hilfe.

»Nun gut, wenn Sie es unbedingt versuchen wollen. Hier sind ein paar Pillen und eine Creme für ihre Entzündungen. Aber machen Sie sich keine großen Hoffnungen. Ich glaube nicht, dass sie das Wochenende übersteht.«

Dad wickelte die kranke herrenlose Hündin in ein altes Badetuch und brachte sie zurück zum Auto. Am Nachmittag trug er sie vorsichtig in den Hinterhof unter die Ahornbäume und begann, ihr die Medikamente zu geben.

Von nun an schleppte mein Vater die arme Hündin jeden Tag hinaus unter die Bäume und rieb Salbe auf ihre Haut. Ihr ganzer Körper war voll von eiternden Entzündungen. Dad konnte noch nicht mal sagen, welche Farbe ihr Fell hatte, denn alle Haare waren von der Räude und der Infektion weggefressen.

»Ich will sie nur so lange behalten, bis sie wieder gesund ist«, versprach Dad meiner Mutter. »Sobald die Medizin anschlägt, suche ich ihr ein neues Zuhause.« Mom war nicht gerade scharf darauf, einen dreckigen und unansehnlichen Winzling ohne Fell und mit Spaghettibeinen zu beherbergen.

»Ich glaube, darum müssen wir uns jetzt noch keine Sorgen machen«, seufzte meine Mutter. »Aber mach dir keine Vorwürfe, wenn die Medizin nicht anschlägt. Du hast es wenigstens versucht.«

Jeden Tag verarztete mein Vater draußen im Schatten der großen Ahornbäume mit großer Zuversicht die kleine herrenlose Hündin, die keine Haare und dürre Beine hatte. In den ersten Tagen, nachdem die kleine Hündin, die keiner wollte, in das Leben meines Vaters getreten war, gab es kaum Hoffnung, dass sie überleben würde. Zu schwer war das arme Tier von Krankheit und Hunger gezeichnet. Dem äußeren Anschein nach konnte nur noch ein Wunder helfen.

Keiner erinnert sich mehr genau, wie lange es dauerte, bis der erste Hoffnungsschimmer sich auf dem Gesicht meines Vaters – und in den großen Augen des Hundes – zeigte. Aber langsam, obgleich noch ängstlich und zurückhaltend, begann die kleine Hündin, meinem Vater zu vertrauen, und als sie das erste Mal mit ihrem dünnen Schwanz wedelte, war mein Vater ganz außer sich vor Freude.

Meine Mutter wollte sich niemals an der Rettung des Welpen beteiligen, denn sie hatte kein Interesse an einem Hund in ihrem Haus. Aber als sie das Gesicht ihres Mannes sah, während die kleine Hündin zum ersten Mal wieder Anzeichen von Verspieltheit zeigte, wusste sie, dass sich Dad nicht nur aus Mitgefühl für das hilflose Tier einsetzte.

Mein Vater stammte aus einer bodenständigen Familie, die die steinigen Hänge der Ozarkberge bewirtschaftete. Er hatte als Kind nicht viel zu lachen gehabt und arbeitete später als Erwachsener hart in verschiedenen Handwerksberufen. Indem er eine kleine geschwächte und räudige Hündin aufnahm und es tatsächlich schaffte, sie trotz aller Widrigkeiten und gegenläufigen Prophezeiungen wieder gesund zu machen, schien er seine eigene verwundete Seele zu heilen.

»Schau sie nur an!«, sagte meine Mutter und lächelte. »Du hast es wirklich geschafft! Ihr Haar wächst wieder, und sie tollt wieder herum. Niemand gab ihr auch nur einen weiteren Tag, aber du hast zu ihr gehalten und daran geglaubt, dass sie es schaffen wird.«

Je mehr ihre Genesung voranschritt, desto mehr offenbarte die kleine Hündin ihr eigentliches Aussehen – auch wenn ihr Fell nicht gerade die schönsten Farben mit der schönsten Zeichnung hatte. Hier und dort ein weißer Fleck, eine Menge unscharfer schwarzer Punkte um die Schnauze und den Brustkorb herum sowie gesprenkelte weiße Flecken auf schwarzem Untergrund. Wegen ihrer weißen Schwanzspitze wurde ein gewöhnlicher Name für einen gewöhnlichen Hund gewählt: Tippy.

»Ich habe versucht, jemanden zu finden, der sie haben will, aber zurzeit braucht keiner einen kleinen Hund«, klagte mein Vater. »Ich habe mich überall umgehört. Ich schwöre, ich habe wirklich alles versucht.«
Meine Mutter wusste, dass er sich so angestrengt hatte wie jemand, der sich an einem heißen Sommertag zwischen dem Rasenmäher und der Hängematte entscheiden soll.

»Ich kann mir auch nicht vorstellen, wer sie haben wollte«, sagte Mom. »Selbst wenn ihr Fell nachgewachsen und die ganze Räude verschwunden ist, ist sie noch ziemlich hässlich und dürr.«

Einige Wochen später, nachdem er erfolglos versucht hatte, sie an den Mann zu bringen, meinte Dad: »Sie ist nun mal kein kleiner niedlicher Hund, aber alle glauben, dass sie einer sein müsste. Niemand ist an ihr interessiert!«

Da! Er hatte es ausgesprochen. Meine Mutter wusste in diesem Moment, dass die kleine Hündin, die keiner wollte, es geschafft hatte, bei ihnen zu bleiben.

Mom schimpfte und meinte, dass Tippy nicht im Haus, sondern nur draußen im Waschraum schlafen könne. Dad und Tippy hielten sich an diese Regel, und ihre einzigartige Freundschaft brachte viele Knospen und Blüten hervor. Sie schufen sich auf angenehme Weise ein gegenseitiges Fundament, auf dem sie beide sicher standen, als die dunkelste Zeit meines Vaters hereinbrach.

»Dieser kleine Hund begleitete deinen Vater drei Jahre lang im Kampf gegen Schmerzen und Krebs«, erinnerte sich meine Mutter. »Manchmal glaube ich, Gott hat diesen kleinen Hund geschickt, damit er bis zum Ende bei deinem Vater blieb.«

Als Dad tot war, ging Mom eines Tages in den Waschraum und blickte hinunter auf das ruhige kleine Geschöpf, das artig zusammengerollt in seinem Bett aus Pappkarton lag. »Hmmm ... okay, Tippy«, sagte sie mit sanfter Stimme. »Vielleicht ist es gar nicht verkehrt, wenn du ab und zu ins Haus kommst, ich fühle mich dort nämlich schrecklich einsam.« In diesem Moment spürte meine Mutter eine enge Verbindung zu dem anhänglichen Hund. Es war, als würde Dad seine Hände herunterstrecken, um beiden in ihrer Not zu helfen.

In den folgenden Monaten wurden Tippy und Mom Seelengeschwister der besonderen Art. Das Bett aus Pappkarton wurde vom Waschraum in Moms Schlafzimmer gebracht und blieb dort für die nächsten fünfzehn Jahre.

»So lange ich diesen kleinen Hund hatte«, meinte meine Mutter, »fühlte ich, dass ein Teil deines Vaters immer noch anwesend war. Sie brachte Leben ins Haus zurück.«

Schließlich forderten der Zahn der Zeit und das Alter von Moms kleiner Freundin Tribut. Sie erblindete, und ihre Gelenke fingen an zu schmerzen. Obwohl es ihr fast das Herz brach, bat meine Mutter meinen Bruder, Tippy das letzte Mal zum Tierarzt zu bringen.

»Ich reichte hinunter, um ihren Kopf in meinen Händen zu wiegen«, sagte Mom, »und sie drückte ihr Gesicht gegen meins, als ob sie sich für alles bedanken wollte, was wir für sie getan hatten.«

Tippy hatte noch siebzehn Jahre gelebt – nach der schrecklichen Schicksalsreise durch die Straßen und die heruntergekommenen Geschäfte, durch Schmerz und Leid, um meinen Vater zu finden. Und wenn ich zurückschaue, scheint mir das wahre Wunder nicht darin zu liegen, dass die liebenden Hände meines Vaters und sein Zutrauen zu der kleinen verlorenen Hündin, die keiner wollte, große Heilkräfte geweckt hatten. Das wahre Wunder lag in dem positiven Einfluss, den beide – mein Vater und Tippy – auf das Leben des jeweils anderen hatten.

JAN K. STEWART BASS

Die Engel nahe bei dir

Indem wir uns vor dem Leben
verbeugen, treten wir in eine spirituelle
Beziehung mit der Welt.

ALBERT SCHWEITZER

Der alte Fischer

> Das schlimmste Gefängnis ist ein verschlossenes Herz.
> PAPST JOHANNES PAUL II.

Unser Haus lag direkt gegenüber dem Eingang des Johns-Hopkins-Hospitals in Baltimore. Wir wohnten im Erdgeschoss und vermieteten die oberen Räume an ambulante Patienten der Klinik.

Eines Abends klopfte es an der Tür. Ich öffnete, und vor mir stand ein wirklich schlimm aussehender alter Mann. *Er ist kaum größer als mein achtjähriger Sohn,* dachte ich, als ich auf den krummen, zusammengeschrumpelten Körper herunterblickte. Am schrecklichsten war, dass sein Gesicht wegen einer roten, wunden Schwellung ganz schief war. Aber seine Stimme war angenehm, als er sagte: »Guten Abend. Ich wollte fragen, ob Sie ein Zimmer für eine einzige Nacht haben. Ich bin heute Morgen von der Ostküste zu einer Behandlung gekommen, und bis zum Morgen geht kein Bus.« Er erzählte mir, dass er seit dem Mittag nach einem Zimmer gesucht habe, aber ohne Erfolg. »Wahrscheinlich liegt es an meinem Gesicht. Ich weiß, dass es schrecklich aussieht, aber mein Arzt sagt, mit ein paar mehr Behandlungen …«

Ich zögerte einen Augenblick, aber seine nächsten Worte überzeugten mich. »Ich könnte in diesem Schaukelstuhl auf der Veranda schlafen. Mein Bus geht früh am Morgen.« Ich sagte ihm, dass wir ein Bett für ihn finden würden und dass er solange auf der Veranda bleiben könne.

Ich ging ins Haus und machte das Abendessen fertig. Als wir so weit waren, fragte ich den alten Mann, ob er mitessen wolle. »Nein danke. Ich hab' was dabei.« Er hielt eine Papiertüte hoch.

Als ich das Geschirr abgewaschen hatte, ging ich auf die Veranda hinaus, um mich ein paar Minuten mit ihm zu unterhalten. Ich brauchte nicht lange, um zu begreifen, dass dieser alte Mann in seinem winzigen Körper ein übergroßes Herz hatte. Er erzählte mir, dass er fischen gehe, um Geld zu verdienen und seine Tochter, ihre fünf Kinder und ihren Mann zu unterstützen, der wegen einer Rückenverletzung dauerhaft behindert war. Er erzählte das Ganze nicht im Klageton. In jedem Satz dankte er zuerst Gott für etwas Gutes. Er war dankbar, dass seine Krankheit, bei der es sich offenbar um eine Form von Hautkrebs handelte, nicht mit Schmerzen verbunden war. Er dankte Gott dafür, dass er ihm die Kraft gab weiterzumachen.

Als es Zeit war, ins Bett zu gehen, stellten wir im Kinderzimmer ein Feldbett für ihn auf. Als ich morgens aufstand, waren die Betttücher sauber gefaltet, und der kleine alte Mann war draußen auf der Veranda. Er wollte kein Frühstück, aber kurz bevor er zu seinem Bus aufbrach, fragte er zögernd, als würde er um eine große Gunst bitten: »Könnte ich wohl das nächste Mal, wenn ich zu einer Behandlung muss, wieder hier übernachten? Ich möchte Sie nicht stören, ich kann gut in einem Sessel schlafen.« Er hielt einen Augenblick inne und fügte dann hinzu: »Ihre Kinder geben mir so ein heimeliges Gefühl. Erwachsene stört mein Gesicht, aber Kindern scheint es nichts auszumachen.« Ich sagte ihm, er könne sehr gern das nächste Mal wieder kommen.

Bei seiner nächsten Reise kam er kurz nach sieben Uhr morgens an. Als Geschenk brachte er uns einen großen Fisch und ein paar der größten Austern, die ich je gesehen hatte. Er sagte, er habe sie morgens vor seiner Abfahrt gefischt, sie würden also frisch und gut sein. Ich wusste, dass sein Bus um vier Uhr früh losgefahren war, und fragte mich, um welche Uhrzeit er aufgestanden war.

Während der Jahre, die er kam, um über Nacht bei uns zu bleiben, brachte er uns jedes Mal Fisch oder Austern oder Gemüse aus seinem Garten mit. Manchmal bekamen wir auch Päckchen mit der Post, immer als Sondersendung: Fisch und Austern, eingepackt in ein Kistchen mit sauber gewaschenen Spinat- oder Grünkohlblättern. Das Wissen, dass er drei Meilen gehen musste, um diese Dinge aufzugeben, und sehr wenig Geld hatte, machte diese Geschenke doppelt wertvoll. Wenn ich diese kleinen Erinnerungspräsente bekam, dachte ich oft an den Kommentar, den unser Nachbar von nebenan von sich gegeben hatte, nachdem der alte Mann am ersten Morgen weggegangen war. »Haben Sie diesen fürchterlichen Gnom von gestern Abend behalten? Ich habe ihn weggeschickt. Sie können Untermieter verlieren, wenn Sie solche Leute aufnehmen.« Mag sein, dass das ein- oder zweimal tatsächlich der Fall war. Aber wenn sie den alten Mann kennen gelernt hätten, hätten sie ihre eigene Krankheit vielleicht ein bisschen leichter ertragen. Ich weiß, dass meine Familie immer dankbar dafür sein wird, dass sie ihn gekannt hat. Von ihm haben wir gelernt, was es heißt, das Schlechte klaglos zu akzeptieren und Gott für das Gute zu danken.

Vor kurzem habe ich eine Freundin besucht, die ein Gewächshaus hat. Als sie mir ihre Blumen zeigte, kamen wir zu der schönsten von allen, einer goldenen, in voller Blüte stehenden Chrysantheme. Aber zu meiner großen Überraschung wuchs sie in einem alten, verbeulten Kübel. Im Stillen dachte ich, dass ich diese Pflanze, wenn sie mir gehören würde, in den schönsten Behälter setzen würde, den ich hätte. Aber meine Freundin änderte meine Meinung. »Mir sind die Töpfe ausgegangen«, erklärte sie, »und weil ich weiß, wie schön diese Pflanze ist, dachte ich, es wäre ihr egal, wenn ich sie zuerst in diesem alten Pott unterbringe. Es ist nur für kurze Zeit, bis ich sie nach draußen in den Garten setzen kann.« Sie muss sich gewundert haben, warum ich so herzlich lachte, aber ich stellte mir diese Szene im Himmel vor: »Hier ist eine besonders Schöne. Es wird ihr nichts ausmachen, wenn sie zuerst in diesen kleinen, hässlichen Körper kommt.« Aber das ist jetzt vorbei. Wie groß muss diese schöne Seele vor langer Zeit in Gottes Garten gewesen sein!

Mary Bartels

Hoffe auf ein Wunder!

> Denn für Gott ist nichts unmöglich.
> LUKAS 1,37

Wo immer ich hingehe, ich habe stets einen kleinen grauen Stein dabei. Am Tag ist er in meiner Geldbörse, des Nachts unter meinem Kissen. Und darauf sind vier einfache Worte aufgemalt: *Hoffe auf ein Wunder!* Ich habe auf eines gehofft, und entgegen aller Logik ist es eingetroffen.

Als ich vor einem Jahr zum ersten Mal Blähungen und Schmerzen im Unterbauch spürte, tat ich das als Nebenwirkung der Östrogene ab, die ich gegen meine Wechseljahrsbeschwerden einnahm. Aber eines Tages auf dem Heimweg wurden die Schmerzen plötzlich so unerträglich, dass ich beinahe mit dem Auto einen Unfall gebaut hätte.

Das kann nicht normal sein!, dachte ich in Panik. Ich bin von Beruf Krankenschwester, und so stürzte ich mich, kaum dass ich die Haustür hinter mir zugezogen hatte, auf meine Fachbücher. Fast wie durch höhere Führung griff ich nach einem der Bände im Regal. Und auf der ersten Seite, die ich aufschlug, ging es um das Thema Eierstockkrebs. Als ich las, welche Symptome dabei auftreten, lief es mir eiskalt über den Rücken –

Blähungen, Schmerzen, häufiger Harndruck ... Ich hatte sie alle.

»Wir müssen eine Reihe von Tests durchführen«, erklärte mir der Arzt, nachdem er mich untersucht hatte. »Aber es besteht in der Tat Verdacht auf Eierstockkrebs.«

Beim Nachhausefahren konnte ich vor Angst kaum atmen. Und als ich zur Tür hereinkam, reichte meinem Mann Rich ein einziger Blick. Er nahm mich fest in den Arm. »Wir müssen einfach nur beten«, meinte er.

Aber die Ergebnisse der Untersuchungen waren niederschmetternd: Ich hatte eine große Geschwulst, und die Tumormarker im Blut lagen bei 462. Normal ist ein Wert von 30. *Ich werde sterben!*, weinte ich.

Als ich in jenem Abend meinen beiden heranwachsenden Töchtern eröffnete, dass ich Krebs hatte, zwang ich mich, ruhig zu bleiben. Als ich aber die Furcht in ihren Augen sah, brach mir beinahe das Herz. Ich durfte sie nicht zusätzlich mit meinen eigenen Ängsten belasten! Und so setzte ich mich unter dem Vorwand, noch ein paar Einkäufe erledigen zu müssen, in mein Auto. Während ich durch die Straßen fuhr, liefen mir die Tränen übers Gesicht.

Vor meinem geistigen Auge zogen die Gesichter all der Menschen vorbei, die ich liebte: Rich, die beiden Mädchen, die anderen fünf Kinder, die wir aus früheren Ehen hatten, unsere Eltern, unsere Freunde ...

Oh, Gott, bitte lass mich am Leben, betete ich. *Es gibt noch so vieles, wofür es sich zu leben lohnt.*

»Ziehen Sie das nicht alles allein durch«, riet mir mein Pfarrer, als ich weinend vor ihm saß. »Lassen Sie sich von anderen helfen.« Und am nächsten Tag waren auf einmal all die Menschen da, deren Gesichter ich mir am Abend zuvor vorgestellt hatte.

Ihre Liebe begleitete mich bei der Operation, bei der der Tumor zusammen mit den Eileitern und Eierstöcken entfernt wurde. Aber damit war die Gefahr längst noch nicht gebannt. »Die Chancen, dass Sie es schaffen, stehen immer noch nicht besser als fünfzehn Prozent«, klärte mich einer der Ärzte auf. »Ihre einzige Hoffnung ist die Chemotherapie.«

Halb verrückt vor Angst fing ich an, mit Gott zu handeln: Wenn du mich wieder gesund machst, dann werde ich eine bessere Ehefrau, eine bessere Mutter, ein besserer Mensch werden. Bitte gib mir noch eine zweite Chance!

Ich bekam sechsmal Chemotherapie, einmal alle drei Wochen. Manchmal dachte ich, ich würde das Ganze nicht durchstehen. Ich war von den Medikamenten so geschwächt, und mir war so fürchterlich übel. Aber immer wenn ich völlig am Ende war, tauchte irgendeine gute Seele auf, um Abendessen vorbeizubringen oder die Kinder zu einem Ausflug einzuladen. Unsere Freunde stellten sogar eine Spendenaktion auf die Beine, damit wir die Arzt- und Apothekerrechnungen bezahlen konnten!

Angesichts all der Zuwendung hatte ich das Gefühl, es den anderen – und mir selbst – schuldig zu sein, nicht den Lebensmut zu verlieren. So las ich alle Bücher über Heilung, die mir in die Hände fielen. Und ich hörte mir Kassetten mit Visualisierungsübungen zur Unterstützung des Genesungsprozesses an. *Ich werde nicht aufgeben*, dachte ich.

Rich stand mir bei, wann immer die Angst mich übermannte. Er betete mit mir und hielt mich im Arm. Auch meine Töchter blieben optimistisch. Lindsay, vierzehn, und Sarah, sechzehn, weigerten sich zu glauben, dass ich sterben müsse. »Du wirst schon wieder gesund«, sagten sie immer wieder.

Aber nach meiner letzten Behandlung erlebte ich einen grauenhaften Moment der Wahrheit. Die Ärzte planten, einhundert Biopsien durchzuführen – an all den Stellen, an die der Krebs gestreut haben könnte.

»Um ganz ehrlich zu sein: Wir erwarten nicht, dass wir gar keinen Krebs mehr finden«, gestanden sie mir. Sollte die Chemotherapie nicht alle entarteten Zellen zerstört haben, waren meine Überlebenschancen denkbar gering.

Ich spürte, wie mich das blanke Grauen packte. *Ich darf jetzt die Hoffnung nicht aufgeben*, dachte ich trotzig. Bevor ich zum Krankenhaus aufbrach, machte ich darum die Schublade auf, in der ich den Glücksbringer aufbewahrt hatte, den mir eine Freundin geschenkt hatte: einen kleinen handbemalten Stein. *Hoffe auf ein Wunder!* stand darauf. Ich steckte ihn in meine Geldbörse.

Dort war er auch am nächsten Tag, als ich nach dem Eingriff die Augen wieder aufschlug. An meinem Krankenbett stand eine hübsche, dunkelhaarige Frau im weißen Kittel.

Sie muss Krankenschwester sein, dachte ich. Aber sie hatte weder Medikamente in der Hand noch einen Blutdruckmesser zum Anhängen an den Infusionsständer dabei. Sie sah mich nur lächelnd an und fragte: »Sind Sie die Frau, die auf ein Wunder wartet?«

Verwirrt murmelte ich: »Ja.« *Aber woher wusste sie das?* Doch ich hatte die Frage noch nicht laut ausgesprochen, da war sie schon wieder verschwunden.

Am nächsten Morgen erschien die weiß gekleidete Frau wieder an meinem Bett. Sie trug eine Karte in der Hand, und darauf stand: *Wunder geschehen jeden Tag.* »Ist es nicht das, worauf Sie warten?«, fragte sie mit sanfter Stimme.

Mir standen die Tränen in den Augen, aber noch bevor ich etwas sagen konnte, war sie wieder weg. Wie ich so das Kärtchen betrachtete, das sie mir gegeben hatte, fühlte ich ein merkwürdiges Kribbeln im Körper …

»Wach auf, Dawn.« Es war Richs Stimme, die mich

aus der Narkose zurückholte. Mühsam schlug ich die Augen auf. »Die Ergebnisse der Biopsien sind da. Sie waren negativ. Allesamt, ausnahmslos!«

Ich weiß nicht, ob die Frau eine Krankenschwester war – oder ein Engel. Aber das spielt auch gar keine Rolle. Sie ist zu mir gekommen, um mir zu sagen, dass Hoffnung niemals sinnlos, Beten niemals vergeblich ist.

Ich bin jetzt neunundvierzig Jahre alt und habe keinen Krebs mehr. Und jedes Mal, wenn ich meine Töchter in den Arm nehme, einen Moment der Nähe mit Rich erlebe oder auch einfach nur zuschaue, wie der Wind das Herbstlaub über den Bürgersteig treibt, dann denke ich daran, dass jeder Tag ein Geschenk ist – eine neue Chance, um auf ein Wunder zu hoffen.

DAWN STOBBE
Nacherzählt von MEG LUNDSTROM
Erschienen in der Zeitschrift »Woman's World«

Angel in unserem Garten

> Manche Männer und Frauen machen die Welt einfach dadurch besser, dass sie so sind, wie sie sind. Sie haben die Gabe, freundlich oder mutig oder loyal oder integer zu sein. Es ist wirklich ziemlich egal, ob sie hinter dem Steuer eines Lkw sitzen oder eine Firma leiten oder eine Familie großziehen. Sie lehren die Wahrheit, indem sie sie leben.
> JAMES A. GARFIELD

Ich arbeitete in dem Kosmetikstudio, das ich von zu Hause aus betreibe, als mein Mann Den hereinkam; er wirkte beunruhigt. »Sieh dir mal an, was ich im Baumhaus der Mädchen gefunden habe«, sagte er. Er streckte mir ein paar Jeans und ein T-Shirt entgegen. »Sieht aus, als würde jemand in unserem Garten wohnen.«

»Das sind diese Kids«, meinte ich bestürzt. »Den, du bist im Stadtrat. Wir müssen etwas unternehmen.«

In letzter Zeit hatte es verschiedene Fälle von Vandalismus gegeben – ein Schock für unsere kleine Stadt Manheim –, und halbwüchsige, nicht aus der Gegend stammende Jungen waren in den Straßen gesehen worden. Es war Herbst 1991, und in der nahe gelegenen Stadt Lancaster war das Verbrechen erschreckend real geworden. Unsere Stadt war entschlossen zu verhindern, dass das Problem sich nach Manheim ausbreitete. »Ich werde die Polizei verständigen«, beschloss Den.

Ein paar Tage später sah ich beim Blick aus dem Fenster ein paar Jugendliche, die zwischen unserem Haus und dem Nachbarhaus herauskamen und Richtung Straße schlenderten. Ich rannte aus der Tür und gab mit zwei Fingern einen durchdringenden Pfiff ab.

Die Jungen drehten sich um. Es waren vier; sie trugen relativ saubere Jeans und T-Shirts und, soweit ich sehen konnte, nicht die Farben einer Gang. »Hallo«, sagte ich. »Was macht ihr in unserem Garten?«

»Nur so durchgegangen«, erwiderte einer.

»Warum seid ihr nicht in der Schule?«, fragte ich.

»Keine Verwendung für diesen Schrott«, sagte ein anderer.

Aber dann trat ein großer junger Mann vor. Im Gegensatz zu den anderen sah er mich direkt an. »Ich würde gern in eine Schule gehen«, sagte er. »Aber nicht in der Gegend, aus der ich komme.« Er sprach mit Hispano-Akzent, war schlank und glatt rasiert und hatte zimtbraune Augen.

Als sie die Straße hinuntergingen, kehrte ich ins Kosmetikstudio zurück. Zumindest sahen sie nicht wie Mitglieder einer Gang oder abgebrühte Kriminelle aus. Der Junge, der gern eine Schule besuchen würde, hatte sogar etwas Gewinnendes. Irgendwie war ich nicht überrascht, als er ungefähr einen Tag später wieder auftauchte, als ich im Garten die Blätter zusammenrechte. »Hallo«, sprach er mich an. »Kann ich Ihnen helfen?«

Ich sah ihn einen Augenblick forschend an und versuchte zu durchschauen, was hinter diesen Augen vorging. Ich reichte ihm den Rechen. »Wie heißt du?«, fragte ich. »Wo kommst du her?«

»Angel Melendez«, erwiderte er. »Ich bin aus Lancaster. Aber da wird die Lage ziemlich mulmig.«

»Und wo wohnst du jetzt?«

»Manchmal penne ich bei einem Freund«, erklärte er. »Ich hab' ein paar Sachen in Ihrem Baumhaus versteckt. Tut mir Leid, ich wollte Sie nicht beunruhigen.«

»Willst du sie zurückhaben?«, fragte ich. Er nickte.

Ich ging ins Haus, während Angel fleißig arbeitete. Nachdem ich seine Kleider zusammengesucht hatte, beobachtete ich ihn vom oberen Stockwerk aus. Er war so dünn! Ein Mittagessen schien der gerechte Ausgleich für das Zusammenrechen eines riesigen Haufens Blätter zu sein.

Der Rasen sah gut aus. Angel saß am Küchentisch und verschlang die Sandwiches, als könnte er noch ein halbes Dutzend mehr davon verdrücken.

Auch an den folgenden Tagen kam Angel auf ein Schwätzchen vorbei. Manchmal sprach er über seinen Traum, Pilot bei der Navy zu werden. Er fing an, gegen Abend vorbeizukommen, wenn Den und ich und unsere halbwüchsigen Töchter Halley und Amanda fernsahen. Jedes Mal, wenn ich einen Happen zu essen auf den Tisch stellte, griff er gierig zu. Wenn er uns freundlich gute Nacht sagte, wussten wir, dass wir ihn nach draußen schickten – wohin? Nirgendwohin.

Dann sagte Den eines Abends: »Angel, wenn du sonst keinen Platz hast, kannst du in meiner Werkstatt schlafen.«

»Danke«, erwiderte Angel lächelnd. An der Tür drehte er sich noch einmal um; er wirkte ein bisschen nervös. »Sir, Madam«, sagte er, »ich würde wirklich gern die High School zu Ende machen. Ich weiß nicht, ob Sie mir helfen könnten, wieder reinzukommen.«

Als wir uns bettfertig machten, sprachen Den und ich die Fragen aus, die uns beide beschäftigten. Was sollten wir mit Angel machen? Er schien ein netter Junge zu sein. Aber wollten wir uns in sein Leben hineinziehen lassen?

»Bevor diese Sache größere Dimensionen annimmt«, meinte Den, »lasse ich ihn erst mal von der Polizei durchleuchten, damit wir sicher sind, dass er auch der ist, der er zu sein behauptet.«

Unterdessen erzählte Angel uns, was er herausgefunden hatte: Um sich an unserer High School einzuschreiben, brauchte er einen festen Wohnsitz am Ort und einen Elternteil oder einen gesetzlichen Vormund, der im hiesigen Verwaltungsbezirk wohnhaft war.

Als Den an diesem Abend nach Hause kam, rief er

Halley, Amanda und mich an den Küchentisch. »Ich habe mit der Manheimer Polizei gesprochen«, sagte er. »Officer David Carpenter hat in Lancaster angerufen und mit Sergeant Wilson gesprochen. Offenbar war der Junge auf sich gestellt, seit er acht ist. Jetzt ist er siebzehn. Aber was Sergeant Wilson beeindruckt hat, ist, dass Angel nie Probleme gemacht hat, obwohl er sich selbst durchbringen musste.«

»Er will doch nur zur Schule gehen«, flüsterte Halley. »Da müssen wir ihm doch helfen.«

Es stellte sich heraus, dass auch Officer Carpenter von Angel beeindruckt gewesen war. Ein paar Abende später rief er an. »Ich weiß, dass ein Polizeibeamter Berufliches und Privates nicht vermengen sollte«, sagte Carpenter, »aber manchmal muss es sein. Ich habe nicht so viel Platz, dass Angel bei mir einziehen könnte, aber ich bin bereit, sein gesetzlicher Vormund zu werden.«

Der Rest unserer Gemeinde war schwerer zu überzeugen. Wir fingen an, Telefonanrufe zu bekommen, die oft anonym waren, aber klar machten, dass Angel in unserer Stadt nicht willkommen war.

Auch die Schule schien ihn nicht zu wollen. Wochen wurden zu Monaten, in denen die Bürokratie versuchte, seine Zulassung zu blockieren. In der Zwischenzeit bekam Angel einen Job im lokalen McDonald's. Frühstück und Abendessen nahm er bei uns ein, abends erledigte er kleine Arbeiten in Haus und Garten oder sah fern.

Frost setzte ein; Dens Werkstatt, wo Angel schlief, war nicht heizbar. Wir beriefen eine weitere Familienkonferenz ein. Auch wenn wir alle Angel inzwischen mochten, war es ein großer Schritt, ihn in unser Haus ziehen zu lassen. Vielleicht zu groß.

»Was können wir sonst machen?«, fragte Halley. »Es wird schon ziemlich kalt«, fügte Amanda hinzu. Es war mutig von ihnen. Ich wusste, dass sie in der Schule von Kindern ausgefragt wurden, die die Situation nicht verstanden und nur im Blick hatten, dass Angel ein Hispano und ein »Junge aus der Stadt« war.

»Wenn er ein Mitglied der Familie wird, wird er als solches behandelt«, bestimmte ich. »Er wird feste Aufgaben haben, und er wird zu einer festgelegten Zeit zu Hause sein müssen; er wird sich bemühen und sich an unsere Regeln halten müssen.«

Wir kamen überein, dass Angel einziehen könnte. Er war begeistert von der Einladung, auf dem Sofa im Wohnzimmer zu schlafen. »Ab zehn Uhr abends ist die Tür zu«, sagte ich ihm. »Bis dahin musst du da sein.«

»Ja, Mom«, sagte er.

Dieses Kind hatte mich wirklich kalt erwischt. »Angel«, sagte ich, »du hast in deinem Leben wirklich schwierige Zeiten durchgemacht. Wie hast du das geschafft?«

»Das lag an Gott«, erwiderte er. »Mit etwa sieben bin ich zum ersten Mal zu diesem Ort gegangen, den sie Teen Haven nannten. Es war eine Art Jugendzentrum, in dem sie mir von Jesus erzählten. Ich bin zwar jetzt älter, aber ich weiß, dass er immer noch bei mir ist. Er hat dafür gesorgt, dass mir nichts passiert, und mich zu Menschen geführt, die sich um andere kümmern, Menschen wie ... Sie.«

Sechs Monate nachdem wir die Sache angeleiert hatten, hatte Angel endlich einen gesetzlichen Vormund und einen festen Wohnsitz. Ich habe nie einen aufgeregteren Menschen gesehen als Angel an dem Morgen, an dem Officer Carpenter und Den mit ihm zur Schule gingen, um ihn anzumelden. Er trug seine besten Klamotten und hielt seine Hefte fest, als wären sie Lose, mit denen er in der Lotterie gewonnen hatte.

Es war ein wunderschöner Erfolg. Aber er hatte seinen Preis. Unser soziales Leben bröckelte, bis auf ein paar gute Freunde. Das Geschäft im Kosmetiksalon lief schlechter. Leute, die uns normalerweise freundlich grüßten, ignorierten uns jetzt. Dens und mein Frust äußerte sich manchmal an der falschen Stelle, und wir blafften uns gegenseitig an. Ich konnte nicht mehr richtig schlafen. Nächtelang wanderte ich umher, weinend und betend. War es das wert? Sollte ich Angel einfach auffordern zu gehen?

Eines Nachts sank ich in der Dunkelheit auf den Küchenboden; ich war deprimiert, wusste nicht mehr ein und aus und heulte Rotz und Wasser. »Wie sieht die Lösung aus, Gott?«, flehte ich. »Für den Rest der Familie wäre es einfacher, wenn wir Angel auffordern würden zu gehen. Aber er ist dein Kind – und er bemüht sich so sehr. Was soll ich tun?«

Als der Hilferuf meine Lippen verlassen hatte, begann an der von mir entfernten Seite der Küche ein verschwommenes, aber doch strahlendes Licht zu glühen. Der zunehmende Glanz blendete mich, und ich spürte, dass eine liebevolle, wärmende Präsenz mit mir in dieser Küche war. Irgendwie wusste ich, dass es ein Engel war. Er überbrachte still, aber klar eine Botschaft: Deni, lass ihn bleiben. Es wird alles in Ordnung kommen.

Noch erstaunlicher als das übernatürliche Glühen war, dass sofortiger Friede mich überkam. Egal wie viele Schwierigkeiten noch vor uns lagen, ich wusste, dass Gott uns treu sein würde, wenn wir ihm treu waren.

Als ich aufsah, war die Küche dunkel, und ich saß allein am Heizkörper.

Das war vor drei Jahren. Die Leute in der Schule lernten Angel kennen. Die Lehrer entdeckten einen eifrigen Schüler; die Trainer entdeckten einen erstklassigen Sportler; die Kinder fanden einen loyalen Freund. Meine Angst und meine Enttäuschung wurden ersetzt durch Liebe und Verständnis für die Menschen, die negativ auf ein Kind reagiert hatten, das anders war. Als ich bereit war, zu verzeihen und wieder auf die zuzugehen, die uns fallen gelassen hatten, waren viele von ihnen nur zu gern bereit, wieder Freundschaft mit uns zu schließen. Leute, die Angel gegenüber argwöhnisch gewesen waren, fingen an, ihm zu helfen, und gaben ihm Geld für eine Brille, Kleidung, Schuhe. Sogar ein Teilzeitjob im örtlichen Sägewerk wurde ihm angeboten.

Angel strengte sich so sehr an, in der Schule aufzuholen, dass er fast nur beste Noten nach Hause brachte. Er spielte in den Schulmannschaften, bis er achtzehn war; jetzt hilft er, sie zu leiten. Als er entdeckte, dass seine schlechten Augen seine Ausbildung zum Navy-Piloten verhindern würden, visierte er das College an; er redet davon, später einmal Meeresbiologie zu studieren.

In der Bibel heißt es, dass manche »Engel gespeist haben, ohne es zu wissen« (Hebräer 13, 2). Wir haben Glück – wir wissen es. Ich danke Gott für den Tag, an dem Angel seine Kleidung in unserem Baumhaus liegen ließ, und für den Engel in der Küche, der mir riet, ihn bei uns bleiben zu lassen.

DENISE BRUMBACH
Eingereicht von MARY SCHELLENGER

Wir sind nicht allein

Als mein Mann plötzlich auf dem Tennisplatz starb, nachdem er einen Herzanfall gehabt hatte, brach die Welt für mich zusammen. Meine Kinder waren zehn, neun, acht, sechs, drei und anderthalb Jahre alt, und ich fühlte mich damit überfordert, den Lebensunterhalt zu verdienen, für die Kinder zu sorgen und uns ganz einfach über Wasser zu halten.

Zum Glück fand ich eine wunderbare Haushälterin, die sich die Woche über um die Kinder kümmerte, aber von Freitagabend bis Montagmorgen war ich mit ihnen allein im Haus. Dabei war mir, ehrlich gesagt, immer sehr unbehaglich zumute. Jedes Knarren im Haus, jedes ungewöhnliche Geräusch, jeder nächtliche Telefonanruf – alles erfüllte mich mit Angst. Ich fühlte mich unglaublich allein.

Eines Freitagabends kam ich von der Arbeit nach Hause und fand einen großen, schönen Deutschen Schäferhund vor unserer Haustür sitzen. Dieses wundervolle Tier gab eindeutig zu verstehen, dass es in das Haus einzutreten und es zu seinem Heim zu machen gedachte. Ich war jedoch vorsichtig. Woher kam dieser offensichtlich gut gepflegte Hund?

Konnte man es riskieren, die Kinder mit einem fremden Hund spielen zu lassen? Obwohl er sanftmütig zu sein schien, war er doch ein machtvolles Geschöpf, das Respekt einflößte. Die Kinder fassten auf Anhieb Zuneigung zu »German« und bettelten darum, ihn hereinzulassen. Ich erlaubte ihm also, im Kellergeschoß zu übernachten, und wollte mich am nächsten Tag in der Nachbarschaft nach seinem Besitzer erkundigen. In dieser Nacht schlief ich zum erstenmal seit vielen Wochen ruhig durch.

Am nächsten Morgen telefonierten wir herum und studierten die Suchanzeigen in der Zeitung, um Germans Besitzer ausfindig zu machen, doch ohne Erfolg. German betrachtete sich mittlerweile als Teil der Familie und ertrug gutmütig die Umarmungen, Balgereien und Spiele im Garten. Am Samstagabend war er noch immer bei uns, und so wurde ihm erneut gestattet, im Kellergeschoß zu übernachten.

Für den Sonntag hatte ich für mich und die Kinder ein Picknick geplant. Da ich es für das Beste hielt, German für den Fall, dass sein Besitzer käme, zurückzulassen, fuhren wir ohne ihn weg. Als wir an der örtlichen Tankstelle anhielten, um zu tanken, sahen wir verblüfft, dass German hinter uns hergerast kam. Er rannte nicht nur zum Wagen, sondern sprang auch noch auf die Motorhaube, drückte seine Schnauze an die Windschutzscheibe und sah mir direkt in die Augen. An ein Zurücklassen war nicht mehr zu denken. Also sprang er hinten in den Kombiwagen und machte es sich dort bequem. So blieb er auch den Sonntag über bei uns.

Am Montagmorgen ließ ich ihn ins Freie hinaus, während sich die Kinder für die Schule fertig machten. Er kehrte nicht zurück. Als der Abend kam und German nicht wieder auftauchte, waren wir alle enttäuscht. Wir waren davon überzeugt, dass er nach Hause gelaufen oder von seinen Besitzern wiedergefunden worden war und wir ihn nie wiedersehen würden. Wir sollten uns irren. Am darauffolgenden Freitagabend saß German wieder vor unserer Haustür. Wir ließen ihn herein, und wieder blieb er bis zum Montagmorgen und dem Eintreffen unserer Haushälterin.

Dieses Muster wiederholte sich jedes Wochenende fast zehn Monate lang. Wir schlossen German immer mehr ins Herz und freuten uns auf sein Kommen. Wir dachten auch nicht mehr darüber nach, wohin er eigentlich gehörte – er gehörte zu uns. Wir empfanden seine Anwesenheit als tröstlich und fühlten uns in seiner Nähe sicher. Wenn wir sahen, wie er in Habachtstellung ging, die Ohren spitzte, und wir sein tief aus der Kehle kommendes Knurren hörten, wussten wir, dass wir beschützt wurden.

Seit German nun wirklich Teil der Familie geworden war, hielt er es für seine Pflicht, abends alle Schlafzimmer zu inspizieren, um sicherzugehen, dass jedes Kind gemütlich in seinem Bett lag. Wenn er sich davon überzeugt hatte, dass auch wirklich alle warm eingepackt waren, nahm er seinen Platz neben der Haustür ein und blieb dort bis zum Morgen.

Mit jeder Woche, die zwischen Germans Besuchen lag, wurde ich ein bisschen stärker, ein bisschen mutiger und fähiger, mit allem zurechtzukommen; und jedes Wochenende genoss ich seine Gesellschaft. Dann tätschelten wir an einem Montagmorgen seinen Kopf und ließen ihn hinaus – zum letzten Mal, wie sich herausstellte. Er kam nie mehr zurück. Wir sahen oder hörten nie wieder etwas von German.

Ich denke oft an ihn. Er war gekommen, als ich ihn am meisten brauchte, und blieb, bis ich stark genug war, um allein weiterzumachen. Möglicherweise gibt es eine völlig natürliche Erklärung für seine Besuche bei uns – vielleicht war sein Besitzer über das Wochenende weg – vielleicht. Ich glaube, German wurde uns gesandt, weil er gebraucht wurde und weil, ganz gleich wie verlassen und allein wir uns fühlen, irgendwie irgendwo irgendjemand das weiß und sich darum kümmert. Wir sind nie wirklich allein.

Mary L. Miller

Engel auf Erden

Wenn jemand wie ich Vera Fortune heißt, ist es kein Wunder, dass andere oft »du Glückliche« zu mir sagen. Und irgendwie finde ich, dass sie Recht haben, besonders wenn ich mit den vierzehn Enkelkindern zusammen bin, die mir geschenkt wurden.

Die Kinder – sie sind zwischen zwei und vierzehn Jahre alt – sind meine Augensterne. Nichts ist mir lieber, als ihnen zuzuschauen, ganz gleich, ob mir der dreizehnjährige Jakob Kunststücke mit dem Mountainbike vorführt oder ob ich Danielle und Katie (beide sieben) zur Ballettstunde begleite. Wenn sie fröhlich sind, ist es eine Freude für mich, auf der Welt zu sein.

Heute aber habe ich noch mehr Anlass zum Glücklichsein. Denn vor nicht allzu langer Zeit, als es einmal so aussah, als sei das Glück von meiner Seite gewichen, da standen mir wildfremde Menschen als Retter in letzter Not bei.

Es regnete, und ich fuhr von der Arbeit direkt zu meinem Sohn Ron. Ich hatte es eilig, denn ich hatte versprochen, auf seine Kinder – Jacob, Michelle und Matthew – aufzupassen An einer Kreuzung sah ich, wie ein Jeep von der Gegenfahrbahn direkt auf mich zukam. *Er wird schon stehen bleiben*, dachte ich.

Ich weiß nicht, ob mich der Fahrer beim Abbiegen zu

spät gesehen hat, doch urplötzlich erkannte ich, dass der Wagen eben nicht anhielt.

»Nein!«, schrie ich, vor Angst wie erstarrt, als unsere Fahrzeuge aufeinander krachten. Der Aufprall von Metall auf Metall ist alles, was ich noch mitbekam, bevor ich ohnmächtig wurde. Später erfuhr ich, dass mein Auto durch die Wucht des Zusammenstoßes von der Straße auf eine Wiese geschleudert wurde.

Sekunden später kam ich wieder zu mir. Ich spürte, wie mir etwas über die Stirn lief: Blut! Aber mein Herz schlug noch. *Ich bin am Leben!*, atmete ich erleichtert auf.

Dann sah ich mich um. Vor der Windschutzscheibe sah ich Wasser. Entsetzt merkte ich, dass mein Auto in einen Teich rutschte.

»Nein!«, schrie ich abermals. Ich versuchte, auf die Bremse zu treten, doch da fuhr mir der Schmerz wie ein Messer ins Bein. *Ich habe mir den Knöchel gebrochen!* Dann hörte ich ein schreckliches Klatschen, und der Wagen kippte nach vorn. *Gott, steh mir bei!* Panische Angst ergriff mich, als ich sah, wie das Wasser mit einem Mal bis über die Türen reichte.

Ruhig Blut!, schärfte ich mir ein. *Es ist wahrscheinlich nicht tief hier. Selbst mit einem gebrochenen Knöchel kommst du hier raus.*

Doch als ich die Tür aufdrücken wollte, rührte sie sich keinen Millimeter. *Dann halt durchs Fenster!*, schrie eine Stimme in meinem Kopf. Ich fing an, die Scheibe herunterzukurbeln. Wasser strömte ein. Ich wollte es wieder zumachen, doch die Scheibe klemmte und saß fest.

Was soll ich bloß tun? Meine Gedanken rasten fieberhaft, und Panik stieg in mir auf, während das eisige Wasser meine Knie umspülte und mir bald bis über die Taille reichte. Während es immer weiter stieg, wurde mir schlagartig klar, dass ich ertrinken würde.

Irgendjemand muss den Unfall doch gesehen haben, versuchte ich mich zu beruhigen. *Bestimmt ist längst Hilfe unterwegs.* Doch ich hörte keine Sirenen, keine Stimmen von Menschen, die mir zur Seite eilten – da waren nur der Regen und das Wasser, das mich umströmte.

Verzweifelt versuchte ich, mich zu befreien und mich durch das halb geöffnete Fenster zu zwängen. Vergeblich! Mittlerweile stand mir das Wasser bis zum Hals.

»Hilfe!«, schrie ich.

Plötzlich hatte ich Wasser im Mund. Das Auto sank tiefer. Ich hustete und legte den Kopf in den Nacken, sodass die Nase in den wenige Zentimeter hohen Luftraum ragte. *Lass mich nicht sterben!*, betete ich.

Die Sekunden verstrichen. Das kalte Wasser lähmte meine Glieder. *Wie lange werde ich wohl die Kraft haben, meinen Kopf so hochzustrecken?*, fragte ich mich. In meinem Herzen breitete sich Verzweiflung aus.

Plötzlich tauchten Bilder von vertrauten Gesichtern vor mir auf. Ich dachte daran, was ich alles verpassen würde, wenn ich jetzt ginge. Ich würde nicht miterleben, wie Kelsey und Ellie, die beiden Fünfjährigen, in den Kindergarten gingen. Nie würde ich erfahren, ob sich die vierzehnjährige Jessica ihren großen Lebenstraum erfüllen und Gospelsängerin werden würde.

Die kleine Michelle stand im Karatetraining kurz vor der Prüfung zum schwarzen Gürtel. »Du kommst doch, Oma?«, hatte sie mich gefragt.

»Ich kann nicht sterben!«, heulte ich. »Jetzt noch nicht!«

Während ich meine Stoßgebete gen Himmel sandte, kam Michael Brown in seinem Lastwagen die Straße entlang und entdeckte das Wrack des Jeeps. Er sah nach dem Fahrer, der nur ein paar kleinere Verletzungen davongetragen hatte. Und dann fragte er sich: *Wo ist das andere Auto?*

Auf einmal entdeckte er ein Licht. Vielleicht war es nur eine Reflexion von meiner Windschutzscheibe. Vielleicht war es ein himmlisches Zeichen, das ihm den Weg zu mir weisen sollte.

Er rannte zu dem Teich und stürzte sich ins Wasser, doch seine Arbeitsstiefel zogen ihn in die Tiefe, und so musste er zum Ufer zurück.

Aber da griff das Schicksal – oder Gott? – ein. Patrick Downey hatte an jenem Abend einen anderen Heimweg von seiner Arbeit bei United Way eingeschlagen. Und Ken LaPine, Direktor einer Parkanlage, hatte Überstunden gemacht. Es war ein Segen, dass sie beide just in dem Augenblick an der Unfallstelle vorbeikamen, als ich ihrer bedurfte.

Sie sahen Michael im Wasser stehen, und als er schrie: »Da ist jemand drin!«, zogen sie Jacken und Schuhe aus und tauchten in die Tiefe.

Angst und Kälte hatten mein Wahrnehmungsvermögen derart blockiert, dass ich von ihren Rettungsversuchen nichts mitbekam. Ken versuchte, die Beifahrertür zu öffnen, doch sie war verriegelt. Patrick rüttelte an der Fahrertür. Wie durch ein Wunder ließ sie sich öffnen, und ich hörte eine Stimme sagen: »Reichen Sie mir den Arm.«

Mein Körper war zu steif, um sich zu bewegen. Doch Patrick, mein rettender Engel, befreite mich mit einem kräftigen Ruck aus dem Wagen und zog mich an die Oberfläche. *Ich bin frei!* Gierig schnappte ich nach Luft.

Patrick und Ken zogen mich zum Ufer, und dort wurde ich von Sanitätern in Empfang genommen und in den bereitstehenden Krankenwagen gebracht. Im Krankenhaus wurde ich wegen Unterkühlung, eines zerschmetterten Knöchels, einer gebrochenen Rippe und mehrerer Schnittwunden am Kopf behandelt.

»Ihr habt mir das Leben gerettet!« Unter Tränen bedankte ich mich bei meinen Engeln, als sie mich in der Klinik besuchten.

Aber als ich nach meiner Entlassung von meinen Enkeln mit Küssen begrüßt wurde, erschienen mir Worte einfach nicht genug. So lud ich meine guten Samariter zu einem Abendessen mit der ganzen Familie ein. Sie sollten selbst sehen, was sie für mich getan hatten. Als sich meine Kinder bei Michael, Patrick und Ken bedankten, lächelten die Helden stolz. Aber als meine vierzehn Enkelkinder eines nach dem anderen vor sie hintraten, ihnen die Hand schüttelten und sagten: »Danke, dass Sie meine Oma gerettet haben«, da blieb kein Auge trocken.

Ich glaube ganz fest daran, dass Gott diese Männer an der Unfallstelle vorbeigeschickt hat, um mich zu retten. Und diesen Abgesandten des Himmels ist es zu verdanken, dass es stimmt, wenn die Leute »du Glückliche« zu mir sagen. Schließlich habe ich eine zweite Chance bekommen, im Kreise meiner Familie zu leben.

VERA FORTUNE
Nacherzählt von STEVE BAAL
Auszug aus der Zeitschrift »Woman's World«

Füreinander da sein

Gib, was du hast.
Ein anderer könnte es besser gebrauchen,
als du zu träumen wagst.

Henry Wadsworth Longfellow

Miss Lilly

> Niemand kennt das Schicksal eines Menschen, aber eins ist gewiss: Wahrhaft glücklich sind nur diejenigen, die anderen helfen.
> ALBERT SCHWEITZER

Die mich schon länger kennen, wollen oft nicht glauben, dass ich inzwischen in einem Senioren-Pflegeheim arbeite. Und schon gar nicht können sie sich vorstellen, wie sehr ich meine Arbeit liebe.

Sie erinnern mich stattdessen immer wieder an die Jahre, als wir im Rahmen der Sonntagsschule einmal wöchentlich im Altenheim halfen. Ich war dort nämlich immer die Letzte, die sich freiwillig für irgendeine Tätigkeit meldete. Und wer mich schon sehr lange kennt, weiß, wie wenig Geduld ich mit einem älteren Nachbarn hatte. Von meinem damaligen Standpunkt aus waren alle älteren Mitmenschen einfach nur »langweilig«.

Dies änderte sich schlagartig, als ich Miss Lilly kennen lernte. Durch Miss Lilly hat sich viel in meinem Leben verändert. Ich habe nun eine andere Einstellung gegenüber der älteren Generation, gegenüber Altenheimen, ja sogar gegenüber dem Leben selbst.

Das Altenheim in unserer Gemeinde hatte nicht gerade den besten Ruf, und ich bewarb mich dort nur deshalb um eine Stelle, weil es nicht weit von meinem Zuhause entfernt war. Ich dachte mir, ich könne ja jederzeit wieder kündigen. Die Frau an der Rezeption bestätigte mir, dass sie eine zusätzliche Altenpflegerin benötigten. »Haben Sie ein Zertifikat?«

»Noch nicht«, antwortete ich und fragte mich gleichzeitig, wie in aller Welt ich an ein Zertifikat kommen konnte. Mit einem Bewerbungsformular in der Hand wurde ich in einen hellen Raum geschickt. Als ich dort an einem Tisch Platz nahm, sah ich mich mindestens einem Dutzend älterer Damen gegenüber, die gerade Körperübungen machten. Sie wurden angeleitet von einer leicht mürrisch wirkenden Frau, die eine schwarze Hose und eine graue Bluse trug. Ihre Stimme war eintönig, und ihr Enthusiasmus entsprach ungefähr dem eines Revolverhelden mit einer Schlinge um den Hals. Ich fragte mich, als was sie hier arbeitete. In dem Moment, als ich »Aushilfspflegerin« in die Spalte »angestrebte Position« eintrug, begann sie, laut aus einem Brief, der an sie gerichtet war, vorzulesen.

»Liebe Aktivitätsleiterin«, las sie. Das war sie also. Schnell ersetzte ich »Aushilfspflegerin« durch »Aktivitätsleiterin«, denn ich wusste, dass ich eine bessere Arbeit machen konnte als dieser Trauerkloß. Ich würde mehr Freude ausstrahlen, und meine Garderobe bestand aus Klamotten in leuchtenden Farben.

Da ich arbeitslos war, hatte ich mir angewöhnt, lange zu schlafen. Als das schrille Läuten des Telefons mich weckte, war es bereits kurz nach neun Uhr. Die Frau am anderen Ende der Leitung klang fröhlich und zuversichtlich.

»Ich habe hier Ihre Bewerbung als Aktivitätsleiterin vor mir«, sagte sie. »Wir wollen eine neue Betreuungseinheit einrichten. Was sind Ihre Qualifikationen?«

Ich versuchte mein Bestes, um möglichst wach zu klingen, und antwortete: »Ich war Lehrerin.« Ich fügte nicht hinzu, dass es auf einer Grundschule und über zwanzig Jahre her war.

»Wie schnell können Sie hier sein?«

Ich sprang aus dem Bett. »In einer Stunde. In spätestens einer Stunde bin ich bei Ihnen.«

Seit diesem Tag hat sich mein Leben verändert. Es gehört nicht länger mir allein. In jedem Moment sind meine Gedanken bei den Bewohnern des Altenheims. Ist mit Billie alles in Ordnung? Wie geht es Herrn W.? Kommt Janie heute aus dem Krankenhaus?

Die Bewohner sind ständig in meinen Gedanken und in meinem Herzen – diese einsamen, zerbrechlichen Menschen, die alle etwas zu erzählen haben und darauf warten, ihre Liebe zu verschenken. Niemand von ihnen war bislang »langweilig«.

Meine erste Liebe war Miss Lilly, eine einsame Frau mit nur einer Verwandten. Miss Lilly war keine strahlende Schönheit, sondern eine breitschulterige Frau mit großen Händen und Füßen und einer gebückten Haltung. Sie saß den ganzen Tag lang in einem blauen Seniorenstuhl und sabberte ständig, häufig mit offenem Mund, sodass man ihre verbliebenen, halb verfaulten Zähne sehen konnte. Ihr schütteres graues Haar stand nach allen Seiten ab. Und was noch schlimmer war, Miss Lilly sprach nie ein einziges Wort.

Ich habe ihre einzige Verwandte, eine Nichte, mehrmals miterlebt. Jeder Besuch lief nach dem gleichen Schema ab. Sie stand mit gehörigem Abstand vor dem blauen Stuhl und sagte: »Dein Scheck ist gekommen, und deine Rechnungen sind bezahlt.« Kein persönliches Wort, keine Umarmung oder sonstige Zeichen der Anteilnahme.

Wen wundert es da noch, dass Miss Lilly sich von einer Welt zurückgezogen hat, die ihr als kalt und mitleidlos erscheinen musste. Die Monate vergingen, und Miss Lilly schien immer mehr in ihren Stuhl hineinzusacken. Ihr Gesundheitszustand verschlechterte sich. Ich blieb länger und länger in ihrer Wohneinheit. Als ich mitbekommen hatte, dass sie nicht mehr gut aß, fütterte ich sie in meiner Mittagspause. Da sie Wackelpeter und Pudding besonders gern mochte, brachte ich ihr Extraportionen. Während ich mich um sie kümmerte, sprach ich ständig mit ihr – über das Wetter, aktuelle Ereignisse, alles, was mir einfiel. Manchmal hielt ich auch ihre Hand. Eines Tages brach sie unvermittelt ihr Schweigen.

»Beugen Sie sich herunter«, sagte sie, und schnell kniete ich mich an ihre Seite.

»Legen Sie den Arm um mich und tun Sie so, als ob Sie mich lieb hätten«, flüsterte sie. Und wie ich Miss Lilly lieb hatte! Ich hätte es nie für möglich gehalten. Ich nahm sie in meine Arme und spürte, wie mein Herz fast vor Liebe zersprang.

Seit damals gab es noch viele andere Miss Lillys in meinem Leben, und ich weiß, dass auch zukünftig noch viele Miss Lillys auf mich warten. Sie brauchen mehr als Freundlichkeit und Fürsorge, sie brauchen einen Platz in unserem Herzen. Ich liebe jeden Tag der Arbeit im Altenheim und teile mit den Bewohnern mein Leben, meine Enkel, meine Freuden und Sorgen. Sie erzählen mir von ihrer Vergangenheit, ihrer Zukunftsangst, ihren Familien und schenken mir vor allem auch ihre Liebe.

Meine Kleidung umfasst alle Farben des Regenbogens. Ich bin schon als Clown und als Osterhase erschienen. Rosa Flamingos und gesprenkelte Forellen haben in meinen Ohrläppchen gehangen. Die Bewohner lieben es.

Für mich sind Altenpflege-Einrichtungen inzwischen Orte, wo ältere Menschen Spaß und Freude haben. Es sind wundervolle Stätten, wo geistreiche und lebenslustige Senioren persönliche Beziehungen leben.

Ich sehe es als meine Aufgabe, ihnen jeden Tag dabei zu helfen, schöne und fröhliche Erfahrungen zu machen, an die sie sich auch morgen noch gern erinnern. Wir singen und lachen und spielen mit einer Intensität, als gäbe es kein Morgen. Und manchmal ist das auch tatsächlich so. Die folgenden Zeilen schrieb ich nach dem Tod von Miss Lilly:

> *Ich berührte ihre Hand und sprach sie an,*
> *die müden Augen öffneten sich weit.*
> *Ich blickte tief in ihr Inneres*
> *und fühlte eine große Einsamkeit.*
> *Ich streichelte ihre zarte, zerbrechliche Hand,*
> *und meine Wärme vertrieb die Kühle.*
> *Die Liebe, die sie in meinem Herzen entfachte,*
> *teile ich jetzt mit anderen.*

JOYCE AYER BROWN

Eingeschneit

> Zweifeln Sie nie daran, dass eine kleine Gruppe achtsamer, engagierter Menschen die Welt verändern kann; eigentlich ist es das Einzige, was sie je verändert hat.
> MARGARET MEAD

Barbara Schmitt nippte ab und zu an ihrem Kaffee und beobachtete, wie der Schnee vor ihrem Fenster sich auftürmte. Die Stadt Louisville, Kentucky, war durch bis zu sechzig Zentimeter hohe Schneewehen lahm gelegt, aber Barbara und ihren beiden Enkelinnen, die von ihr mit großgezogen wurden, war das zu diesem Zeitpunkt noch egal. Sie würden den Tag schön drinnen im Warmen verbringen, spielen und sich den Schneesturm ansehen. Die sechsjährige Ashley schwatzte aufgeregt. Ihre dreijährige Schwester Michelle war stiller. Sie gehörte zu den Hunderten amerikanischer Kinder, die auf eine neue Leber warteten.

Warten und Beten gehörten für Barbara Schmitt zur täglichen Routine, aber heute betete sie besonders inbrünstig. Bei Michelle zeigten sich gefährliche Symptome, die eine sofortige Lebertransplantation erforderlich machten, aber das Telefon blieb genauso still wie die verschneite Szene draußen.

Um neun Uhr morgens klingelte es dann. Es kam die Nachricht, die Barbara brauchte. Ein Krankenhaus in Omaha hatte den richtigen Spender gefunden; die Ärzte dort waren sicher, dass die Leber für Michelle geeignet war, und jetzt sollte sie innerhalb von zwölf Stunden dort sein.

Barbara wusste nicht, was sie zuerst tun sollte – sich freuen oder verzweifeln. Das größte Geschenk, das Michelle je erhalten würde, wartete auf sie, und sie waren, von Schneemassen eingeschlossen, sechshundert Meilen davon entfernt. »Wir sind eingeschneit«, sagte Barbara der medizinischen Koordinatorin am anderen Ende der Leitung. »Der Flughafen ist siebzehn Meilen weit weg, die Lastwagen stellen sich auf den Straßen quer, und es gibt keine Möglichkeit, wie wir dorthin kommen könnten.«

»Geben Sie nicht auf«, redete die Frau Barbara zu. »Sie haben zwölf Stunden, um Omaha zu erreichen, also fangen Sie an zu überlegen!«

Die Telefonleitungen funktionierten zum Glück noch, und Barbara machte sich an die Arbeit. Als Erstes rief sie Sharon Stevens an, eine Friseuse, die Hairs Angels leitete, einen Fonds für Kinder mit besonderen Bedürfnissen. Sharon hatte bereits im Vorfeld einen Lear-Jet und zwei Piloten organisiert, die die Schmitts nach Omaha fliegen würden, wenn der Zeitpunkt für die Transplantation einmal gekommen war. Die große Frage war nun, wie die Schmitts von ihrem Haus zum Flugzeug gelangen sollten, aber Sharon war genauso entschlossen wie Barbara, dieses Problem zu lösen. »Fang an zu packen, Ich weiß nicht, wie, aber irgendwie wirst du es schaffen.«

Als Nächstes setzte Sharon einen Hilferuf über WHAS ab, den lokalen Live-Info-Radiosender, der ständig Botschaften und Anfragen ausstrahlt und die Zuhörer auffordert, anzurufen und Ideen und Vorschläge mitzuteilen. Teresa Amshoff hörte die Geschichte und meinte, der Kirchenparkplatz neben ihrem Haus, das von dem der Schmitts nur eine Meile entfernt war, würde einen perfekten Hubschrauberlandeplatz abgeben. Während wertvolle Minuten verstrichen, eilten die Amshoffs von Tür zu Tür und baten um Hilfe, um den Parkplatz vom Schnee zu befreien. Nachbarn, die vom Freischaufeln der eigenen Einfahrt bereits erschöpft waren, kamen ohne zu zögern. Innerhalb einer halben Stunde arbeiteten über fünfzig Freiwillige bei Wind und Minusgraden daran, den Bereich vom Schnee zu räumen.

Jemand rief Kim Phelps von Skycare an, einem Lufttaxiservice; er bot an, einen Hubschrauber zu schicken, der Michelle zum Flughafen bringen würde. Der Kirchenparkplatz wurde als brauchbarer Landeplatz bestätigt, und Kim ging daran, für das Ärzteteam die Fahrten zur Kirche zu organisieren.

In der Zwischenzeit rief Barbara den Lear-Piloten Jason Smith an, um sicherzugehen, dass er es zum Flugplatz schaffen würde. Wie alle anderen waren auch er und sein Co-Pilot eingeschneit, aber er versprach, dass sie dort sein würden. Ein Polizist und ein Nachbar konnten sie tatsächlich rechtzeitig zum Jet bringen.

Als schließlich die Dämmerung bedrohlich näher rückte, schickte WHAS ein Fahrzeug mit Vierradantrieb, das Michelle und ihre Familie zur Kirche transportierte. Als sie in den sauber geräumten Parkplatz einfuhren, waren einhundertfünfzig Leute da, die sich an ihre Schaufeln lehnten und von Bergen von Schnee umgeben waren. Als Feuerwehrwagen ankamen, um für den Hubschrauber eine behelfsmäßige Landebeleuchtung zur Verfügung zu stellen, wuchs die Menge auf dreihundert Menschen an, die applaudierten und winkten, als die Schmitts in die schneeige Nacht davonflogen.

Michelles Transplantation war ein Erfolg, und er war nicht nur einem fähigen Ärzteteam zuzuschreiben, einem Kind, das um sein Überleben kämpfte, und einer Familie, die nicht aufgeben wollte, sondern auch einem ganzen Dorf, das am 17. Januar 1994 etwas sehr viel Besseres zu tun fand, als schön im Warmen zu sitzen und sich den Schnee anzusehen.

Susan G. Fey

Jemand, der auf mich Acht gibt

Die Fahrgäste im Bus schauten sehr freundlich, als die attraktive junge Dame mit dem Blindenstock vorsichtig einstieg. Sie löste beim Fahrer eine Fahrkarte, tastete sich im Gang mit den Händen an den Sitzen entlang und fand den Platz, den der Busfahrer ihr genannt hatte. Dann setzte sie sich, nahm ihre Aktentasche auf den Schoß und lehnte den Stock an ihr Bein.

Seit einem Jahr war Susan, vierunddreißig, blind. Sie erblindete infolge einer ärztlichen Fehldiagnose und fand sich plötzlich in einer dunklen Welt aus Ärger, Frustration und Selbstmitleid wieder. Susan, einst eine starke und unabhängige Frau, fühlte sich nun durch diesen schrecklichen Schicksalsschlag dazu verurteilt, als schwache, hilflose Person zu einer Last für jeden Menschen um sie herum zu werden. »Wie konnte mir das nur passieren?«, fragte sie mit vor Ärger verschlossenem Herzen. Doch so viel sie auch jammerte, schimpfte oder betete, sie kannte die schmerzende Wahrheit: Sie würde nie wieder sehen können.

Eine tiefe Depression umhüllte Susans einst so optimistischen Geist. Jeder einzelne Tag wurde zu einer neuen frustrierenden und ermüdenden Aufgabe. Das Einzige, woran sie sich festhalten konnte, war ihr Mann Mark.

Mark war Luftwaffenoffizier und liebte Susan von ganzem Herzen. Als sie gerade ihr Augenlicht verloren hatte, sah er, wie sie in einen Abgrund der Verzweiflung stürzte, und es war seine Aufgabe, seiner Frau dabei zu helfen, die erforderliche Kraft und das nötige Vertrauen zu erlangen, um wieder unabhängig zu werden. Durch seinen militärischen Hintergrund war Mark gut auf den Umgang mit heiklen Situationen vorbereitet, und doch wusste er, dass dies die schwierigste Schlacht war, die er jemals zu schlagen hatte.

Schließlich war Susan so weit, dass sie wieder arbeiten gehen konnte, doch die Frage war, wie sie dorthin kommen sollte. Normalerweise nahm sie den Bus, aber nun war sie zu ängstlich, um allein durch die Stadt zu fahren. Mark bot ihr an, sie jeden Tag zur Arbeit zu bringen, obwohl beide an verschiedenen Enden der Stadt arbeiteten. Das tröstete Susan eine Weile und befriedigte Marks Bedürfnis, seine blinde Frau zu beschützen, die auch bei der Bewältigung der kleinsten Aufgaben sehr unsicher war. Mark erkannte jedoch bald, dass diese Regelung nicht funktionierte – sie war zeitraubend und kostspielig. *Susan muss langsam wieder anfangen, mit dem Bus zu fahren*, gestand er sich selbst ein. Doch allein der Gedanke, es ihr gegenüber anzudeuten, ließ ihn zusammenzucken. Sie war noch so zerbrechlich, so ärgerlich. Wie würde sie reagieren?

Susan war – wie Mark vorausgesehen hatte – von der

Idee, wieder mit dem Bus zu fahren, geschockt. »Ich bin blind!«, rief sie erbittert. »Wie kann ich wissen, wo ich hinfahre? Ich fühle mich, als würdest du mich verlassen.«

Diese Worte brachen Mark das Herz, aber er wusste, was zu tun war. Er versprach Susan, dass er jeden Morgen und jeden Abend zusammen mit ihr im Bus fahren würde, so lange, bis sie es gelernt hätte.

Und genau das geschah. Mark begleitete Susan zwei Wochen lang jeden Tag zur Arbeit und wieder zurück. Er zeigte ihr, wie sie sich auf ihre restlichen Sinne, besonders ihr Gehör, verlassen konnte, wie sie feststellen konnte, wo sie war, und wie sie sich an ihre neue Umgebung anpassen konnte. Er half ihr, sich mit den Busfahrern anzufreunden, damit diese auf sie achteten und ihr einen Platz zuwiesen. Er brachte sie selbst an jenen nicht so erfreulichen Tagen zum Lachen, an denen sie aufgeregt gegen den Bus lief oder ihre Aktentasche voller Papiere mitten im Gang fallen ließ. So fuhren sie jeden Morgen zusammen mit dem Bus, und Mark nahm dann ein Taxi zurück ins Büro. Obwohl diese tägliche Fahrt noch teurer und ermüdender war als die vorherige Lösung, wusste Mark, dass es nur eine Frage der Zeit war, bis Susan allein mit dem Bus fahren könnte. Er glaubte an die Susan, die er kannte, bevor sie ihr Augenlicht verloren hatte, die sich vor keiner Herausforderung fürchtete und niemals aufgab.

Schließlich entschied Susan, dass sie es wagen könne, allein zu fahren. Als es so weit war, am Montagmorgen, schlang sie vor dem Verlassen des Hauses die Arme um Mark, ihren treuen Busfahrgefährten, ihren Ehemann und ihren besten Freund. Tränen der Dankbarkeit für seine Loyalität, seine Geduld und seine Liebe traten in ihre Augen. Sie verabschiedete sich, und sie gingen zum ersten Mal jeder seinen Weg.

Montag, Dienstag, Mittwoch, Donnerstag... An jedem Tag, an dem sie allein unterwegs war, klappte alles perfekt, und Susan lebte sichtlich auf. Sie schaffte es! Sie fuhr ganz allein zur Arbeit!

Am Freitagmorgen fuhr Susan wie gewöhnlich mit dem Bus zur Arbeit. Als sie aussteigen wollte, sagte der Fahrer: »Sie sind wirklich zu beneiden!«

Susan war sich nicht sicher, ob der Busfahrer das Wort an sie gerichtet hatte. Denn wer in aller Welt würde eine blinde Frau beneiden, die sich gerade einmal mutig dazu durchgerungen hatte, das letzte Jahr zu überstehen. Neugierig fragte sie den Fahrer: »Warum meinen Sie, dass ich zu beneiden bin?«

Der Fahrer antwortete: »Es muss wirklich ein schönes Gefühl sein, so umsorgt und beschützt zu werden wie Sie.«

Susan wusste nicht, wovon er sprach, und fragte erneut: »Was meinen Sie damit?«

Der Fahrer erwiderte: »Während der letzten Woche

stand jeden Morgen ein gut aussehender Mann in Militäruniform an der gegenüberliegenden Straßenecke und beobachtete Sie, während Sie aus dem Bus stiegen. Er überzeugte sich davon, dass Sie die Straße sicher überquerten, und schaute so lange hinter Ihnen her, bis Sie das Bürogebäude betraten. Dann warf er Ihnen einen Handkuss zu, grüßte und ging davon. Sie sind wirklich eine glückliche Frau.«

Tränen der Freude liefen über Susans Wangen. Obwohl sie ihn physisch nicht sehen konnte, hatte sie Marks Anwesenheit die ganze Zeit über gespürt. Sie war froh, so froh, weil er ihr ein Geschenk gemacht hatte, das kraftvoller war als ihr Augenlicht, ein Geschenk, das sie nicht zu sehen brauchte, um daran zu glauben: das Geschenk der Liebe, das dorthin Licht bringt, wo vorher Dunkelheit war.

Sharon Wajda

In Gedanken bei dir

> In Herzen zu leben, die wir
> zurückgelassen haben, heißt,
> nicht zu sterben.
> THOMAS CAMPBELL

Sophies Gesicht verschwand im grauen Winterlicht des Wohnzimmers. Sie döste in dem Sessel, den Joe ihr zum vierzigsten Hochzeitstag geschenkt hatte. Das Zimmer war warm und ruhig. Draußen rieselte der Schnee.

Um Viertel nach eins bog der Postbote eilig um die Ecke in die Allen Street. Er war später dran als gewöhnlich, nicht weil es schneite, sondern weil Valentinstag war und er mehr Post austragen musste als normalerweise. Er ging an Sophies Haus vorbei, ohne aufzuschauen. Zwanzig Minuten später kletterte er wieder in seinen Wagen und fuhr davon.

Sophie schreckte auf, als sie das Postauto wegfahren hörte, nahm ihre Brille ab und wischte sich mit dem Taschentuch, das sie immer im Ärmelsaum trug, über Mund und Augen. Sie stützte sich auf die Sessellehne, stand langsam auf und strich die Schürze ihres dunkelgrünen Hauskleids glatt.

Ihre Hausschuhe schlurften weich über den nackten

Fußboden, als sie in die Küche ging. An der Spüle hielt sie inne, um die zwei Teller zu spülen, die sie nach dem Mittagessen auf dem Tresen stehen gelassen hatte. Dann füllte sie einen Plastikbecher halb mit Wasser und nahm ihre Tabletten. Es war Viertel vor zwei.

Im Wohnzimmer stand neben dem Fenster, das nach vorn hinausging, ein Schaukelstuhl. Sophie ließ sich langsam hineinsinken. In einer halben Stunde würden die Kinder auf dem Heimweg von der Schule hier vorbeikommen. Sophie wartete, schaukelte und betrachtete den Schnee.

Zuerst kamen wie immer die Jungen. Sie rannten und schrien sich gegenseitig etwas zu, was Sophie nicht hören konnte. Heute formten sie Schneebälle, während sie liefen, und bewarfen sich damit. Ein Schneeball verfehlte sein Ziel und klatschte mit voller Wucht an Sophies Fensterscheibe. Sie schreckte zurück, und der Schaukelstuhl glitt über den Rand der alten ovalen Matte.

Die Mädchen trotteten zu zweit oder zu dritt hinter den Jungen her und kicherten. Dabei hielten sie tuschelnd ihre in Fäustlingen steckenden Hände vor den Mund. Sophie fragte sich, ob sie über die Valentinsgeschenke sprachen, die sie in der Schule bekommen hatten. Ein hübsches Mädchen mit langem braunem Haar blieb stehen und zeigte zu dem Fenster, an dem Sophie saß und hinausschaute. Sophie zog ihren Kopf hinter die Vorhänge zurück, sie war sich plötzlich ihrer selbst bewusst.

Als sie erneut hinausschaute, waren die Jungen und Mädchen verschwunden. Es war kalt am Fenster, doch sie blieb dort sitzen und beobachtete, wie die Schneeflocken langsam die Fußstapfen der Kinder bedeckten.

Der Wagen eines Blumenhändlers bog um die Ecke in die Allen Street. Sophie blickte ihm hinterher. Er fuhr langsam. Zweimal hielt er an und fuhr wieder los. Dann hielt der Fahrer vor Mrs. Masons Haus nebenan und parkte. *Wer schickte Mrs. Mason Blumen?*, fragte sich Sophie. *Ihre Tochter aus Wisconsin? Oder ihr Bruder? Nein, ihr Bruder war sehr krank. Sie mussten von ihrer Tochter sein. Wie nett von ihr.*

Blumen erinnerten Sophie immer an Joe, und für einen Moment ließ sie es zu, dass die schmerzende Erinnerung sie überkam. Morgen war der Fünfzehnte. Vor acht Monaten war er gestorben.

Der Fahrer des Blumenladens klopfte an Mrs. Masons Haustür. Er hatte eine weiß-grüne Schachtel und eine Schreibplatte in der Hand. Es schien niemand daheim zu sein. Natürlich! Heute war Freitag, und freitagnachmittags war Mrs. Mason immer zum Handarbeiten in der Kirche. Der Lieferant schaute sich suchend um und kam dann auf Sophies Haus zu. Sophie sprang mit einem Satz aus dem Schaukelstuhl und stellte sich hinter die Gardine. Der Mann klopfte. Ihre Hände zitterten, als sie ihr Haar glatt strich. Beim dritten Klopfen war sie in der Diele. »Ja bitte?«, sagte sie und schaute aus der nur einen Spaltbreit geöffneten Tür.

»Guten Tag«, sagte der Mann laut, »könnten Sie eine Lieferung für Ihre Nachbarin entgegennehmen?«

»Ja«, erwiderte Sophie und öffnete die Tür.

»Wo soll ich sie hinstellen?«, fragte der Mann höflich, als er mit großen Schritten hereinkam.

»In die Küche, bitte. Auf den Tisch.« Der Mann erschien Sophie sehr groß. Sie konnte zwischen seiner grünen Mütze und dem Vollbart kaum sein Gesicht sehen. Sophie war froh, dass er sofort wieder ging, und schloss die Tür hinter ihm ab.

Die Schachtel war so lang wie der Küchentisch. Sophie näherte sich ihr und beugte sich vor, um die Aufschrift zu lesen: »NATALIES *Blumen für jeden Anlass*«. Der intensive Rosenduft hüllte sie ein. Sie schloss die Augen, sog den Duft langsam ein und stellte sich gelbe Rosen vor. Joe hatte immer gelbe ausgewählt. »Für meinen Sonnenschein«, pflegte er zu sagen, wenn er ihr das extravagante Bouquet überreichte. Dann lachte er fröhlich, küsste sie auf die Stirn, nahm ihre Hände in die seinen und sang für sie »Du bist mein Sonnenschein«.

Es war fünf Uhr nachmittags, als Mrs. Mason an Sophies Haustür klopfte. Sophie saß immer noch am Küchentisch, die Blumenschachtel war nun geöffnet, und

Sophie hielt die Rosen im Schoß. Sie wiegte sich leicht von einer Seite zur anderen und streichelte die zarten gelben Blütenblätter. Mrs. Mason klopfte erneut, doch Sophie hörte es nicht, und nach einigen Minuten ging die Nachbarin wieder.

Sophie erhob sich kurz darauf und legte die Blumen auf den Küchentisch. Ihre Wangen waren gerötet. Sie bugsierte einen Hocker durch die Küche und holte eine weiße Porzellanvase vom Eckschrank herunter. Mit einem Wasserglas füllte sie die Vase, arrangierte zärtlich die Rosen und das Grün und brachte sie ins Wohnzimmer.

Sie lächelte, als sie die Mitte des Raumes erreichte. Sie drehte sich leicht und begann, in kleinen Kreisen langsam auf und ab zu tanzen. Sie lief leicht und anmutig durch das Wohnzimmer in die Küche, hinunter in die Diele und wieder zurück. Sie tanzte so lange, bis ihre Knie müde wurden, ließ sich dann in den Sessel fallen und schlief ein.

Um Viertel nach sechs wachte sie plötzlich auf. Jetzt klopfte es an der Hintertür. Es war Mrs. Mason. »Hallo, Sophie«, sagte Mrs. Mason. »Wie geht es dir? Ich war um fünf schon einmal hier und war etwas beunruhigt, als du nicht öffnetest. Hast du ein Nickerchen gemacht?« Während sie sprach, trat sie ihre schneebedeckten Stiefel auf der Matte ab und kam herein. »Ich hasse den Schnee. Im Radio sagten sie, dass es bis Mitternacht sechs Zentimeter schneien soll, aber darauf kann man ja nichts geben. Weißt du noch, als sie letzten Winter vier Zentimeter angekündigt hatten, und es dann einundzwanzig wurden? Einundzwanzig! Und der Winter sollte dieses Jahr mild werden. Ha! Ich glaube nicht, dass das Thermometer in den letzten Wochen auch nur einmal über null Grad gestiegen ist. Habe ich dir erzählt, dass ich letzten Monat für mein kleines Haus eine Ölrechnung über 263 Dollar hatte?«

Sophie hörte nur mit halbem Ohr zu. Sie hatte sich plötzlich an die Rosen erinnert, und die Schamesröte schoss ihr ins Gesicht. Die leere Blumenschachtel lag hinter ihr auf dem Küchentisch. Was sollte sie Mrs. Mason sagen?

»Ich weiß nicht, wie lange ich die Rechnungen noch zahlen kann. Wenn nur Alfred, Gott segne ihn, so umsichtig mit Geld umgegangen wäre wie dein Joseph. Gott im Himmel! Ich hätte fast die Rosen vergessen.«

Sophies Wangen glühten. Stammelnd suchte sie nach einer Entschuldigung und trat zur Seite, sodass die leere Schachtel ins Blickfeld rückte, als Mrs. Mason sie unterbrach. »Oh, sehr gut, du hast die Rosen ins Wasser gestellt. Dann hast du also die Karte gesehen. Ich hoffe, Josephs Handschrift hat dich nicht beunruhigt. Joseph bat mich, dir die Rosen im ersten Jahr zu bringen und dir an seiner Stelle alles zu erklären. Er wollte dich nicht erschrecken. Seinen ›Rosenbund‹ nannte er es, glaube ich. Im April arrangierte er alles mit dem Floristen. Das war ein so guter Mann, dein Joseph …«

Doch Sophie hörte nicht mehr zu. Ihr Herz klopfte, als sie nach dem kleinen weißen Umschlag griff, den sie vorher übersehen hatte. Er hatte die ganze Zeit neben der Blumenschachtel gelegen. Mit zitternden Fingern nahm sie die Karte heraus. »Für meinen Sonnenschein«, stand darauf. »Ich liebe dich von ganzem Herzen. Versuch, glücklich zu sein, wenn du an mich denkst. In Liebe, Joe.«

ALICIA VON STAMWITZ

Der Weihnachtspfadfinder

> Wenn bei dir ein Armer lebt, irgendeiner deiner Brüder in irgendeinem deiner Stadtbereiche in dem Land, das der Herr, dein Gott, dir gibt, dann sollst du nicht hartherzig sein und sollst deinem armen Bruder deine Hand nicht verschließen. Du sollst ihm deine Hand öffnen und ihm gegen Pfand leihen, was der Not, die ihn bedrückt, abhilft.
> DEUTERONOMIUM 15, 7–8

Inmitten all der Freude und des Lachens war der dreizehnjährige Frank Wilson nicht glücklich. Es stimmte schon: Er hatte alles geschenkt bekommen, was er sich gewünscht hatte. Und auch die Weihnachtsfeier am Heiligen Abend, zu der traditionsgemäß – diesmal im Haus von Tante Susan – alle Verwandten zusammengekommen waren, um ihre Geschenke und Glückwünsche auszutauschen, hatte ihm gut gefallen.

Aber glücklich war er trotzdem nicht, denn dies war das erste Weihnachtsfest ohne seinen Bruder Steve, der während des Jahres von einem rücksichtslosen Autofahrer überfahren worden war. Frank vermisste ihn, sie waren so gut miteinander ausgekommen.

So blieb er nicht bis zum Ende, sondern verabschiedete sich bald von den Verwandten. Seinen Eltern erklärte er, dass er noch bei einem Freund vorbeischauen wolle. Von dort aus werde er zu Fuß nach Hause gehen. Es war kalt draußen, und so zog er seine neue Winterjacke an. Über sie hatte er sich besonders gefreut. Seine anderen Geschenke packte er auf seinen neuen Schlitten.

Dann machte sich Frank auf den Weg, um den Leiter seiner Pfadfindertruppe zu besuchen. Er hoffte, dass der zu Hause sein würde, denn von ihm fühlte er sich immer ganz besonders verstanden. Er war zwar reich an Weisheit, wohnte aber in den »Flats«, dem Arme-Leute-Viertel der Stadt; und er hatte immer irgendwelche Gelegenheitsjobs, um seine Familie finanziell zu unterstützen. Doch als Frank an seiner Tür klingelte, öffnete niemand. Enttäuscht machte er auf dem Absatz kehrt.

Als er auf dem Heimweg die Straße entlangging, sah er durch die Fenster der kleinen Häuser überall geschmückte Tannenbäume glitzern. Und wie er so in die weihnachtlichen Stuben hineinschaute, fiel sein Blick in ein schäbig wirkendes Wohnzimmer hinein. Dort hingen zwei leere Nikolausstrümpfe schlaff vom Sims des toten Kamins herunter. Und in dem Sessel, der daneben stand, saß eine Frau und weinte.

Als er die Strümpfe sah, fiel ihm ein, wie er und sein Bruder immer die ihren nebeneinander aufgehängt hatten; und am nächsten Morgen waren sie zum Bersten mit Geschenken gefüllt. Da plötzlich fiel es Frank ein: Er hatte an diesem Tag ja noch gar nicht seine »gute Tat« verrichtet.

Ohne lange nachzudenken, klopfte er an der Tür.

»Ja?«, hörte er die Frau fragen.

»Darf ich hereinkommen?«

»Du bist herzlich willkommen«, erwiderte sie. Als sie den Schlitten mit den Geschenken sah, dachte sie, er sei wegen einer Sammlung gekommen. »Aber Essen oder Geschenke habe ich leider nicht für dich. Ich habe nicht einmal etwas, um es meinen eigenen Kindern zu schenken.«

»Oh, ich bin nicht zum Sammeln gekommen«, entgegnete Frank. »Ich will etwas abgeben. Suchen Sie sich etwas von den Sachen auf dem Schlitten für Ihre Kinder aus. Sie können nehmen, was Ihnen gefällt.«

»Das gibt's doch gar nicht!« Die Frau konnte es nicht fassen. »Gott segne dich!«

Und dankbar wählte sie ein paar Süßigkeiten, ein Spiel, ein kleines Flugzeug und ein Puzzle aus. Als sie nach der nagelneuen Pfadfindertaschenlampe griff, hätte Frank beinahe aufgeschrien. Dann waren die Strümpfe voll.

»Willst du mir nicht verraten, wie du heißt?«, wollte die Frau wissen, als Frank sich zum Gehen wandte.

»Nennen Sie mich einfach Weihnachtspfadfinder«, antwortete er.

Der Besuch hatte den Jungen tief berührt, und auf einmal regte sich ein Funken Freude in seinem Herzen. Er begriff, dass er mit seinem Kummer auf der Welt nicht ganz allein war. Und als er den »Flats« den Rücken kehrte, hatte er sämtliche Päckchen von seinem Schlitten verschenkt. Sogar die neue Winterjacke hatte er an ein fröstelndes Kind abgegeben.

Frierend und mit einem mulmigen Gefühl in der Magengrube machte er sich auf den Weg nach Hause. Wie sollte er seinen Eltern bloß erklären, warum all seine Geschenke weg waren? Sie würden ihn bestimmt nicht verstehen.

»Wo sind denn deine Geschenke?«, wollte der Vater wissen, als er eintrat.

»Ich habe sie alle weggegeben.«

»Das Flugzeug von Tante Susan? Die Winterjacke von Oma? Deine Taschenlampe? Und wir dachten, du hättest dich darüber gefreut.«

»Ich habe mich … sehr gefreut«, gab der Junge kleinlaut zurück.

»Aber, Frank. Wie konntest du so etwas nur tun?«, fragte die Mutter. »Wie sollen wir es den Verwandten erklären, die sich so viel Mühe gegeben haben, das alles für dich einzukaufen?«

Streng verfügte der Vater: »Du hast es so gewollt, Frank. Wir haben kein Geld, um dir neue Geschenke zu kaufen.«

Sein Bruder war weg, seine Eltern waren von ihm enttäuscht – auf einmal fühlte sich Frank schrecklich allein. Er hatte kein Lob für seine Großzügigkeit erwartet, denn er wusste, dass man für eine gute Tat keine Gegenleistungen erwarten durfte. Wenn man etwas dafür zurückbekam, schmälerte das den Wert der Geste. Auch wollte er seine Geschenke nicht wiederhaben. Aber er fragte sich, ob er wohl je in seinem Leben wieder richtig glücklich sein würde. Beim Verteilen der Geschenke hatte er es für möglich gehalten. Aber die Freude war nicht von Dauer gewesen. Frank dachte an seinen Bruder und weinte sich in den Schlaf.

Als er am nächsten Morgen ins Wohnzimmer kam, hörten seine Eltern das Weihnachtsprogramm im Radio. Auf einmal ertönte die Stimme des Sprechers: »Fröhliche Weihnachten! Die schönste Weihnachtsgeschichte, die wir Ihnen heute zu erzählen haben, hat sich in den Flats zugetragen. Ein behinderter Junge hat heute Morgen einen neuen Schlitten bekommen; ein weiterer eine nagelneue Winterjacke. Und noch andere Familien berichten, dass gestern Abend ein Jugendlicher an ihrer Haustür geklopft und sie mit Geschenken für ihre Kinder überrascht hatte. Er nannte sich Weihnachtspfadfinder. Keiner weiß, wer es gewesen ist, aber die Kinder in den Flats sind überzeugt, dass er ein persönlicher Abgesandter des Weihnachtsmanns ist.«

Frank fühlte auf einmal, wie sich der Arm seines Vaters um seine Schultern legte, und er sah, wie seiner Mutter vor Freude die Tränen übers Gesicht liefen. »Aber warum hast du uns nicht erzählt, was du gemacht hast? Wir haben nicht verstanden, was los war. Wir sind so stolz auf dich!«

Und dann erscholl das nächste Weihnachtslied: »*Lob sei Gott dem Herrn und Friede den Menschen auf Erden.*«

SAMUEL D. BOGAN

Sich für das Wunderbare öffnen

Wirkliche Entdeckungen bestehen nicht darin,
neue Länder zu finden,
sondern etwas mit neuen Augen zu sehen.

MARCEL PROUST

Eine Legende über die Liebe

> Wenn Liebe nicht ohne Einschränkungen gegeben und genommen werden kann, dann ist es keine Liebe, sondern ein Geschäft.
> EMMA GOLDMAN

Edward Wellman verabschiedete sich im alten Land von seiner Familie und sah einem besseren Leben in Amerika entgegen. Papa übergab ihm die Familienersparnisse, die in einem Lederbeutel versteckt waren. »Die Zeiten sind hier sehr schlecht«, sagte er und umarmte seinen Sohn zum Abschied. »Du bist unsere Hoffnung.« Edward ging an Bord des Atlantikfrachters, auf dem jungen Männern, die sich zum Kohleschaufeln bereit erklärten, als Gegenleistung ein kostenfreier Transport für die einmonatige Überfahrt angeboten wurde. Sollte Edward in den Colorado Rockies Gold finden, dann könnte ihm schließlich der Rest der Familie folgen.

Unermüdlich arbeitete Edward monatelang auf seinem Claim, und die kleine Goldmine bescherte ihm ein mäßiges, aber stetiges Einkommen. Am Ende des Tages, wenn er sein aus zwei Zimmern bestehendes Häuschen betrat, sehnte er sich nach einem Gruß von der Frau, die er liebte. Dass er Ingrid zurücklassen musste, bevor er ihr offiziell den Hof machen konnte, war der einzige Wermutstropfen bei seinem amerikanischen Abenteuer. Ihre Familien waren seit Jahren befreundet, und so lange, wie er zurückdenken konnte, hatte er insgeheim gehofft, dass er Ingrid einmal zu seiner Frau machen könnte. Ihr langes, wallendes Haar und ihr strahlendes Lächeln machten sie zur anmutigsten der Henderson-Schwestern. Er hatte gerade begonnen, sich bei Picknicks, die von der Gemeinde organisiert wurden, neben sie zu setzen und sich irgendwelche dummen Vorwände zu suchen, um ihr einen Besuch abzustatten, nur um sie zu sehen. Wenn er sich abends in seiner Hütte zu Bett legte, sehnte Edward sich danach, über ihr rotbraunes Haar zu streichen und sie im Arm zu halten. Schließlich schrieb er an Papa, damit er ihm half, seinen Traum wahr werden zu lassen.

Nach fast einem Jahr kam ein Telegramm mit einem Plan, wie er seinen Traum verwirklichen könnte. Herr Henderson hatte eingewilligt, seine Tochter zu Edward nach Amerika zu schicken. Da sie eine hart arbeitende junge Frau mit gutem Geschäftssinn war, würde sie für ein Jahr lang Seite an Seite mit Edward arbeiten und ihm helfen, sein Minengeschäft aufzubauen. Bis dahin könnten es sich beide Familien leisten, zu ihrer Hochzeit nach Amerika zu kommen.

Edwards Herz weitete sich vor Freude, als er sich im nächsten Monat darum bemühte, die Hütte in ein

Heim zu verwandeln. Er kaufte eine Liege, auf der er im Wohnbereich schlafen konnte, und versuchte, seinen ehemaligen Schlafraum für eine Frau herzurichten. Die Vorhänge aus Jutesäcken vor den schmutzigen Fenstern ersetzte er durch Vorhänge aus mit Blumen gemustertem Stoff von Mehlsäcken. Auf den Nachttisch stellte er in eine Blechdose, die als Vase diente, getrockneten Salbei, den er auf einer Wiese gepflückt hatte.

Schließlich kam der Tag, auf den er sein ganzes Leben lang gewartet hatte. Mit einem Strauß frisch gepflückter Gänseblümchen in der Hand ging er zum Bahnhof. Dampfschwaden stiegen auf, und die Räder quietschten, als der Zug langsam einfuhr. Edward suchte jedes Fenster nach Ingrids leuchtendem Haar und ihrem strahlenden Lächeln ab.

Sein Herz schlug in erwartungsvoller Vorfreude schneller, doch dann hielt es mit einem dumpfen Schlag inne. Nicht Ingrid, sondern ihre ältere Schwester Marta stieg aus dem Zug. Sie stand schüchtern vor ihm, ihre Augen zu Boden gerichtet.

Edward starrte sie völlig sprachlos an. Dann reichte er Marta mit zitternden Händen den Strauß. »Willkommen«, flüsterte er, und seine Augen brannten. Ein Lächeln huschte über ihr unscheinbares Gesicht.

»Ich war geschmeichelt, als Papa sagte, dass du nach mir geschickt hast«, sagte Marta und schaute ihm kurz in die Augen, bevor sie ihren Kopf wieder sinken ließ.

»Ich hole dein Gepäck«, sagte Edward mit einem gezwungenen Lächeln. Sie gingen zusammen zum Gepäckwagen.

Herr Henderson und Papa hatten Recht. Marta hatte einen sehr guten Geschäftssinn. Während Edward in der Mine arbeitete, erledigte sie die Büroarbeit. Auf ihrem improvisierten Schreibtisch in einer Ecke des Wohnbereichs schrieb sie detaillierte Berichte über alle Aktivitäten, die die Goldmine betrafen. Innerhalb von sechs Monaten verdoppelte sich ihr Vermögen.

Ihre köstlichen Mahlzeiten und ihr ruhiges Lächeln gaben dem Häuschen eine wundervolle weibliche Note. *Es ist aber die falsche Frau*, trauerte Edward, wenn er abends erschöpft auf sein Lager fiel. *Warum haben sie Marta geschickt?* Würde er Ingrid jemals wiedersehen? Konnte er seinen lebenslangen Traum, Ingrid zu seiner Frau zu machen, begraben?

Ein Jahr lang arbeiteten, scherzten und lachten Marta und Edward zusammen, aber sie liebten einander nicht. Einmal hatte Marta Edward auf die Wange geküsst, bevor sie sich in ihren Raum zurückgezogen hatte. Er lachte nur verlegen. Ab dem Zeitpunkt schien sie mit ihren gemeinsamen erfrischenden Wanderungen in den Bergen und den langen Gesprächen nach dem Essen auf der Veranda zufrieden zu sein.

An einem Nachmittag im Frühling wuschen sintflutartige Regenfälle den Berghang weg und unterspülten den Eingang zu ihrer Mine. Edward füllte wie verrückt Sandsäcke und versuchte, damit die Wassermassen zu stoppen. Er war völlig durchnässt und erschöpft, und seine hektischen Bemühungen schienen aussichtslos zu sein. Plötzlich tauchte Marta an seiner Seite auf und hielt den nächsten Jutesack auf. Edward schaufelte Sand hinein, und Marta schwang ihn mit der Kraft eines Mannes oben auf den Schutzwall und griff zum nächsten Sack. Stundenlang arbeiteten sie knietief im Schlamm, bis der Regen nachließ. Hand in Hand gingen sie zurück zum Häuschen. Über einer warmen Suppe seufzte Edward: »Ohne dich hätte ich die Mine nie retten können. Vielen Dank, Marta.«

»Gern geschehen«, antwortete sie mit ihrem gewohnten Lächeln und ging dann ruhig in ihren Raum.

Ein paar Tage später kam ein Telegramm mit der Ankündigung, dass die Familien Henderson und Wellman in der nächsten Woche ankämen. So sehr er es auch zu unterdrücken versuchte, der Gedanke, Ingrid wiederzusehen, ließ Edwards Herz in der alten, gewohnten Weise schneller schlagen.

Er und Marta gingen zusammen zum Bahnhof. Sie sahen, wie ihre Familien am anderen Ende des Bahnsteigs aus dem Zug stiegen. Als Ingrid erschien, wendete sich Marta an Edward: »Geh zu ihr«, sagte sie.

Erstaunt stotterte Edward: »Was meinst du damit?«

»Edward, ich wusste immer, dass ich nicht das Henderson-Mädchen bin, nach dem du geschickt hast. Ich habe bei den von der Gemeinde organisierten Picknicks beobachtet, wie du mit Ingrid geflirtet hast.« Sie nickte in Richtung ihrer Schwester, die gerade aus dem Zug stieg. »Ich weiß, dass du sie und nicht mich als Frau an deiner Seite haben möchtest.«

»Aber ...«

Marta legte ihre Finger auf seine Lippen. »Schsch«, brachte sie ihn zum Schweigen. »Ich liebe dich, Edward. Das habe ich immer getan, und deshalb ist mein größter Wunsch, dich glücklich zu sehen. Geh zu ihr.«

Er nahm ihre Hand von seinem Gesicht und hielt sie fest. Als sie zu ihm aufschaute, sah er zum ersten Mal, wie schön sie war. Er dachte an ihre Spaziergänge durch die Wiesen, ihre ruhigen Abende am Feuer, ihre Unterstützung, als sie an seiner Seite die Sandsäcke hielt. Dann wurde ihm klar, was er schon seit Monaten wusste.

»Nein, Marta. Ich möchte dich.« Er zog sie in seine Arme und küsste sie mit all der Liebe, die aus ihm hervorbrach. Ihre Familien versammelten sich um sie und riefen im Chor: »Wir kommen zur Hochzeit!«

LeAnn Thieman

Großmama Ruby

Als Mutter von sehr zwei aktiven Jungen im Alter von sieben und eins mache ich mir manchmal Sorgen, dass sie nur das ganze Haus verwüsten. Bei ihren Spielen werfen sie gelegentlich in aller Unschuld meine Lieblingslampe um oder bringen meine wohl durchdachten Arrangements durcheinander. In diesen Augenblicken, in denen ihnen nichts mehr heilig zu sein scheint, denke ich an die Lektion, die ich von meiner weisen Schwiegermutter Ruby erhalten habe.

Ruby ist Mutter von sechs Kindern und die Großmutter von dreizehn Enkeln. Und sie ist die Sanftheit, Liebe und Geduld in Person.

An einem Weihnachtstag waren wie üblich alle Kinder und Enkel in ihrem Haus versammelt. Sie hatte erst vor einem Monat einen wunderschönen weißen Teppich gekauft, nachdem sie über fünfundzwanzig Jahre lang immer »denselben alten Teppich« gehabt hatte. Sie war überglücklich über diesen neuen Glanz in ihrem Heim.

Mein Schwager Arnie hatte gerade alle seine Geschenke an seine Nichten und Neffen verteilt – köstlichen Honig aus der Produktion seiner Bienenstöcke. Die Kinder freuten sich sehr. Aber wie das Schicksal es wollte, verschüttete die achtjährige Sheena ihr Honigglas auf Großmamas neuem Teppich und zog eine Honigspur durch das ganze Haus.

Weinend rannte sie in die Küche und in Großmama Rubys Arme. »Großmama, ich habe meinen Honig auf deinen neuen Teppich verschüttet.«

Großmama Ruby kniete nieder, blickte zärtlich in Sheenas tränenfeuchte Augen und sagte: »Mach dir keine Sorgen, Liebes, wir können dir noch mehr Honig besorgen.«

LYNN ROBERTSON

Ein Freund am Telefon

> Ein Leben ohne Freund ist wie ein
> Tod ohne Zeuge.
> SPANISCHES SPRICHWORT

Noch bevor ich zu Ende gewählt hatte, wusste ich, dass ich einen Fehler gemacht hatte. Es klingelte einmal, zweimal – dann nahm jemand den Hörer ab.

»Sie haben die falsche Nummer!«, blaffte eine raue männliche Stimme. Verdattert wählte ich noch einmal.

»Sie haben die falsche Nummer, hab' ich doch gesagt!«, kam wieder die Stimme, und wieder drang nur noch das kurze Klicken des Hörers, der aufgelegt wurde, an mein Ohr.

Wieso wusste er, dass man mir eine falsche Nummer gegeben hatte? Damals arbeitete ich für die New Yorker Polizei. Ein Bulle ist darauf trainiert, neugierig zu sein – und sich einzumischen. Also wählte ich erneut.

»Hey, was soll das?«, sagte der Mann. »Schon wieder Sie?«

»Ja«, erwiderte ich. »Ich habe mich gefragt, wieso Sie wussten, dass ich eine falsche Nummer hatte, obwohl ich noch gar nichts gesagt hatte.«

»Na, dann überlegen Sie mal!« Wieder wurde der Hörer aufgeknallt.

Ich saß eine Zeit lang da und hielt den Hörer locker zwischen den Fingern. Ich rief den Mann zurück.

»Und? Haben Sie es jetzt kapiert?«, fragte er.

»Das Einzige, was ich mir vorstellen kann, ist ... dass niemand Sie je anruft.«

»Genau!« Zum vierten Mal war die Leitung tot. Ich prustete vor mich hin und rief den Mann zurück.

»Und was wollen Sie jetzt?«, raunzte er.

»Ich dachte, ich sollte mal anrufen ... einfach, um Hallo zu sagen.«

»Hallo? Und warum?«

»Na, wenn nie jemand Sie anruft, dachte ich, ich sollte es vielleicht mal tun.«

»Na schön. Hallo. Und wer sind Sie?«

Endlich war ich durchgekommen. Jetzt war *er* neugierig. Ich erzählte ihm, wer ich war, und fragte ihn, wer er wäre.

»Adolf Meth mein Name. Ich bin achtundachtzig, und kein einziges Mal in den letzten zwanzig Jahren hat jemand sich bei mir so oft verwählt!« Wir lachten beide.

Wir unterhielten uns gut zehn Minuten. Adolf hatte keine Familie, keine Freunde. Alle, die ihm nahe gestanden hatten, waren gestorben. Dann entdeckten wir, dass wir etwas gemeinsam hatten: Auch er hatte fast vierzig Jahre lang für die New Yorker Polizei gearbeitet. Als er mir über seine Zeit als Fahrstuhlführer dort erzählte, schien er interessiert, ja freundlich. Ich fragte ihn, ob ich ihn wieder anrufen dürfe.

»Warum wollen Sie das tun?«, fragte er überrascht.

»Vielleicht können wir Telefonfreunde sein. Sie wissen schon, so ähnlich wie Brieffreunde.«

Er zögerte. »Ich hätte nichts dagegen ... wieder einen Freund zu haben.« Seine Stimme klang ein wenig unentschlossen.

Ich rief Adolf am nächsten Nachmittag an und auch ein paar Tage später. Man konnte sich gut mit ihm unterhalten, und er erzählte von seinen Erinnerungen an den Ersten und Zweiten Weltkrieg, an das Desaster mit Hindenburg und andere historische Ereignisse. Er war faszinierend. Ich gab ihm meine private Telefonnummer und die vom Büro, sodass er mich anrufen konnte. Was er tat – fast täglich.

Es war nicht einfach nur Freundlichkeit gegenüber einem einsamen alten Mann. Die Gespräche mit Adolf waren wichtig für mich, denn auch ich hatte eine große Lücke in meinem Leben. Ich war in Waisenhäusern und bei Pflegefamilien groß geworden und hatte nie einen Vater gehabt. Nach und nach bekam Adolf für mich so etwas wie eine väterliche Bedeutung. Ich erzählte ihm von meinem Job und von den College-Kursen, die ich abends besuchte.

Adolf wuchs in die Rolle des Beraters hinein. Als wir über eine Meinungsverschiedenheit mit einem Vorgesetzten sprachen, bemerkte ich zu meinem neuen Freund: »Ich glaube, ich sollte die Sache ein für alle Mal mit ihm klären.«

»Warum die Eile?«, meinte Adolf warnend. »Lass die Dinge sich beruhigen. Wenn du so alt bist, wie ich jetzt bin, weißt du, dass die Zeit vieles regelt. Wenn es schlimmer wird, kannst du immer noch mit ihm reden.«

Es blieb lange still zwischen uns. »Weißt du«, sagte er leise, »ich rede mit dir, wie ich mit meinem eigenen Jungen reden würde. Ich habe mir immer eine Familie gewünscht – und Kinder. Du bist zu jung, um zu wissen, wie sich das anfühlt.«

Nein, ich war nicht zu jung. Ich hatte mir immer eine Familie gewünscht – und einen Vater. Aber ich sagte nichts; ich hatte Angst, den Schmerz nicht zurückhalten zu können, den ich schon so lange in mir fühlte.

Eines Abends erwähnte Adolf, dass er bald neunundachtzig werde. Ich kaufte ein Stück Holzfaserplatte und malte eine große Geburtstagskarte mit einem Kuchen und neunundachtzig Kerzen. Dann bat ich alle Polizisten meiner Dienststelle und sogar den Polizeichef, die Karte zu unterschreiben. Ich sammelte an die hundert Unterschriften. Ich wusste, dass das Adolf einen Riesenauftrieb geben würde.

Wir unterhielten uns jetzt seit vier Monaten am Telefon, und ich dachte, der Geburtstag wäre der richtige

Zeitpunkt, sich persönlich kennen zu lernen. Deshalb beschloss ich, die Karte selbst zu überbringen.

Ich sagte Adolf nicht, dass ich kommen würde; ich fuhr einfach eines Morgens zu seiner Adresse und parkte das Auto ein Stück entfernt von dem Miethaus, in dem er wohnte.

Ein Briefträger verteilte im Flur die Post, als ich das Gebäude betrat. Er nickte, als ich auf den Briefkästen Adolfs Namen suchte. Da war er. Apartment 1 H, gerade einmal sechs Meter von da, wo ich stand.

Mein Herz hämmerte vor Aufregung. Würde die Chemie zwischen uns bei der persönlichen Begegnung genauso stimmen wie am Telefon? Ich spürte die ersten nagenden Zweifel. Vielleicht würde er mich genauso zurückweisen wie mein Vater? Ich klopfte an Adolfs Tür. Als niemand antwortete, klopfte ich fester.

Der Postbote sah von seinen Briefen auf. »Da ist keiner«, meinte er.

»Ja«, sagte ich und kam mir ein bisschen albern vor. »Wenn er an der Tür so antwortet wie am Telefon, kann das den ganzen Tag dauern.«

»Sind Sie ein Verwandter oder was?«

»Nein. Nur ein Freund.«

»Tut mir wirklich Leid«, sagte er ruhig, »aber Mr. Meth ist vorgestern gestorben.«

Gestorben? Adolf? Einen Augenblick lang verschlug es mir die Sprache. Schockiert und ungläubig stand ich da. Dann riss ich mich zusammen; ich dankte dem Briefträger und trat in die spätvormittägliche Sonne hinaus. Mit feuchten Augen ging ich zu meinem Auto.

Als ich um eine Ecke bog, sah ich eine Kirche, und eine Zeile aus dem Alten Testament fiel mir ein: Ein Freund liebt allezeit. Besonders im Tod, wurde mir klar. In diesem Augenblick hatte ich eine Erkenntnis. Oft bemerken wir erst, wie schön es ist, dass ein bestimmter Mensch in unserem Leben ist, wenn plötzlich etwas Trauriges passiert. Ich spürte jetzt zum ersten Mal, wie nah Adolf und ich uns gekommen waren. Es war mir leicht gefallen, und ich wusste, dass es mir beim nächsten Mal, mit meinem nächsten guten Freund, noch leichter fallen würde.

Langsam spürte ich, wie mir innerlich ganz warm wurde. Ich hörte Adolfs brummige Stimme schnauben: »Sie haben die falsche Nummer!« Dann hörte ich ihn fragen, warum ich wieder anrufen wollte.

»Weil du wichtig warst, Adolf«, sagte ich laut zu mir selbst. »Weil ich dein Freund war.«

Ich legte die Geburtstagskarte auf den Rücksitz meines Wagens und setzte mich ans Steuer. Bevor ich den Motor anließ, sah ich über die Schulter nach hinten. »Adolf«, flüsterte ich, »ich habe nicht die falsche Nummer bekommen. Ich habe dich bekommen.«

JENNINGS MICHAEL BURCH

In der Sonntagsschule

In der Sonntagsschule sollte es diesmal um die Arche Noah gehen, und so hatte die Vorschullehrerin unserer Kirche in Kentucky für ihre kleinen Schützlinge ein Spiel vorbereitet, bei dem diese Tiernamen erraten sollten.

»Ich werde euch das Tier beschreiben. Mal sehen, ob ihr seinen Namen erraten könnt. Hier ist das Erste: Ich habe ein flauschiges Fell und einen buschigen Schwanz, und ich klettere gerne auf Bäume.«

Die Kinder sahen sie ratlos in.

»Ich fresse gern Nüsse, und am allerliebsten mag ich Eicheln.«

Keine Antwort. Es schien doch schwieriger zu sein, als die Lehrerin gedacht hatte.

»Normalerweise bin ich braun oder grau; aber manchmal bin ich auch schwarz oder rot.«

In ihrer Verzweiflung wandte sie sich an eine aufgeweckte Vierjährige, die normalerweise immer eine Antwort parat hatte. »Michelle, was denkst du?«

Michelle sah die anderen Kinder zögernd an, bevor sie antwortete: »Also, ich weiß, dass es Jesus sein muss. Aber irgendwie klingt es mehr nach Eichhörnchen!«

Susan Webber

Die Hündin, die als Antwort kam

> Zu schaffen den Trauernden zu Zion, dass ihnen Schmuck statt Asche, Freudenöl statt Trauerkleid, Lobgesang statt eines betrübten Geistes gegeben werden ...
> JESAJA 61,3

Am Weihnachtsmorgen des Jahres 1958 war mein Vater mit uns Kindern in die Kirche gegangen, und ich sang mein erstes Solo. Ich war damals elf Jahre alt. Nachdem der Gottesdienst vorbei war, beugte sich mein Vater auf dem Parkplatz zu mir herab, nahm meine Hand und erzählte mir, wie stolz er sei, mein Vater zu sein. Ich liebte ihn aus ganzem Herzen und erinnere mich noch an diesen Moment, als wäre es gestern gewesen.

Am nächsten Tag war mein Vater gerade von einer kurzen Besorgung im Eisenwarengeschäft zurückgekehrt. Da er sich unwohl fühlte, ging er sofort ins Schlafzimmer und legte sich auf sein Bett, wo er einen schweren Schlaganfall erlitt. Unsere Familie musste hilflos mit ansehen, wie dieser Mann, der unser Leben zusammengehalten hatte, tapfer um sein eigenes Leben kämpfte. Der Notarzt erschien zu spät, denn die Tragödie, die die Zukunft unserer Familie so entscheidend beeinflussen sollte, war in weniger als zwanzig Minuten zu Ende.

Die nordamerikanischen Indianer haben ein Sprichwort, mit dem sie Kinder beschreiben, die schon früh intensive Trauer erfahren haben. Es besagt, dass ein solches Kind *Himmelsaugen* bekommen habe. Ich erinnere mich nur schwach an die schmerzvollen Jahre unmittelbar nach dem Tod meines Vaters, aber auf Fotos aus jener Zeit schaue ich abwesend und distanziert in die Kamera, so als ob mein Blick einen Teil des Himmels mit einschlösse.

Als ich vierundzwanzig war, verlobte ich mich mit einem schönen und charismatischen jungen Mann aus Europa. Die Kraft unserer Liebe überdeckte die betäubenden Nachwirkungen, die der Tod meines Vaters in mir hinterlassen hatte. Ich fing an, von den wunderbaren Möglichkeiten zu träumen, die vor uns lagen. Bis ich eines Morgens einen Telefonanruf erhielt, in dem mir mitgeteilt wurde, dass mein Verlobter in Los Angeles ausgeraubt und erschossen worden war. Diese Nachricht kam so unvermittelt, dass mir die Luft wegblieb.

Diese zweite Tragödie meines Lebens ereignete sich genauso unvorhergesehen wie die erste und war ebenso verheerend. Sie zementierte meine Vorstellung, dass das Leben immer am seidenen Faden hing und man sich besser nicht darauf einließ. Ich verschloss mein Herz und unterdrückte meine Lebendigkeit. Ich konnte nicht länger wirkliche Freude empfinden und fand – was noch schlimmer war – keinen Zugang mehr zum Gebet.

Ich funktionierte, als ob ich aus zwei unterschiedlichen Personen bestand – eine öffentliche und eine private. Nach außen hin ging es mit meiner Gesangskarriere steil bergauf – ich gewann den Grammy für den Song »Up Where We Belong«, den ich zusammen mit Joe Cocker sang. Das Singen war für mich schon immer ein »Freiraum« gewesen, und so war meine Musik die einzige Freude, die mir blieb. Aber privat verkümmerte ich zunehmend. Ich fühlte, wie der Groll mich zuschnürte und ich mich zutiefst von Gott betrogen glaubte.

Ich überlebte sieben Jahre in diesem Zustand, bis mir eine einfühlsame Freundin eine kleine Hündin schenkte – einen Golden Retriever ohne Stammbaum. Ich konnte mir zwar nichts Unerwünschteres vorstellen als einen Hund, entschloss mich dann aber doch widerwillig, die junge Hündin zu behalten.

Ich nannte sie Emma und fing wie jeder andere Hundebesitzer an, ihr zu sagen, was sie tun sollte, und häufiger noch, was sie *nicht* tun durfte.

»Kau nicht darauf herum, geh hier lang, friss das hier, furz woanders, mach Platz, geh von meinem Bett runter, hör auf zu bellen …« Bewaffnet mit einem ganzen

Arsenal von Büchern über Hundeerziehung, wurde ich zur Hundepolizei, die aufpasste, dass dieses kleine Geschöpf auch ja all die lächerlichen Regeln einhielt und die ganzen verrückten Kunststücke vollführte, die ich von ihm erwartete. Während Emma alle Übungen zur Zufriedenheit ausführte, blickte sie mich an, als ob sie sagen wollte: »Das alles ist vollkommen unnötig.« Ihr unerschrockener Gleichmut brachte mich zum Lachen. Heute weiß ich, dass sie sich mit ihrem Gehorsam einfach nur die Zeit vertrieb und darauf wartete, dass ich verstehen würde, worum es eigentlich ging.

Als Emma vier Jahre alt geworden war, begannen sich unsere Rollen umzukehren. Irgendetwas in mir öffnete sich ihr, und ich merkte, dass sie mir oft »erzählte«, was ich tun sollte, zum Beispiel: »Steh vom Schreibtisch auf, setz dich hier zu mir und beobachte die Schmetterlinge« oder »Geh nach Hause und leg dich ins Bett« oder »Lausche dem Gesang der Vögel«. Ich wurde auf ihr natürliches Verhalten und ihre angeborenen Impulse aufmerksam und bemerkte, mit welcher Anmut sie jeden einzelnen Tag willkommen hieß. Sie lehrte mich eine Weltsicht, gegenüber der die meine ziemlich einfältig war.

Ich begann, Emma auf kurzen Reisen mitzunehmen. Ich spürte, dass sie *etwas wusste*, und wollte unbedingt herausfinden, was es war. Wir fuhren die kalifornische Küste hoch, und immer wenn sie Interesse an irgendeiner Umgebung zeigte, hielt ich an und ließ sie umherlaufen. Ich überließ ihr die Führung und folgte ihr auf alten Pfaden durch die Redwoods und in verborgene Buchten der Pazifikküste. Wir spielten im Mondlicht mit Seesternen und bellten freudig mit den Seehunden um die Wette. Wir rannten und sprangen die Strände so lange auf und ab, bis wir völlig erschöpft waren. Ich fing an, den Duft der unberührten Natur wahrzunehmen – frischen Klee, Tang, Salbei. Mein Gehör, das von den vielen Studioaufnahmen überlastet war, begann, sich zu verfeinern, und ich hörte wieder die unscheinbaren Naturklänge wie das Trippeln der Mäuse oder das Rascheln einer Eidechse.

Emma war meine Lehrerin. Ich beobachtete sie dabei, wie sie jeden Fremden mit Neugier und Wärme begrüßte und auch mich auf diese Weise immer wieder dazu brachte, Kontakt mit diesen häufig sehr interessanten Menschen aufzunehmen. Je mehr ich mich für Emma öffnete, desto mehr liebte ich ihren unverstellten und freundlichen Charakter. Und indem ich die einfachen Freuden eines Hundelebens schätzen lernte, verschwanden nach und nach die scheinbar unheilbaren Narben, die meinem Herzen durch die abrupten Verluste zugefügt worden waren.

Emmas Anwesenheit beeinflusste schließlich auch meine musikalische Karriere. Bei den Aufnahmen von zwei meiner erfolgreichsten CDs waren wir im Studio ein Herz und eine Seele. Die Aufnahmesessions verliefen reibungsloser in ihrer Gegenwart. Egal ob sie zwischen meinen Füßen schlief oder unermüdlich die Leute begrüßte: Emma brachte die Musiker zusammen und gab ihnen Gelegenheit, sich zu entspannen. Wenn sie mit dabei war, lachten wir häufiger, was auch unsere Musik positiv beeinflusste. Es gibt im Booklet einer meiner CDs ein Foto von Emma und mir auf offener Landstraße, das unser Verhältnis zueinander widerspiegelt: Unterwegs in der großen weiten Welt, waren wir einfach glücklich, zusammen zu sein.

Als Emma acht Jahre alt war, wurde sie krank. Ein medizinischer Eingriff brachte an den Tag, dass sie Krebs im fortgeschrittenen Stadium hatte. Ihr Tierarzt, ein wundervoller Mensch namens Dr. Martin Schwartz, meinte, dass sie nur noch eine Überlebenschance von höchstens einem Monat habe.

In der nachfolgenden Woche waren wir stiller als sonst. Wir saßen abends zusammen auf der Veranda und warteten darauf, dass sich die Sterne zeigten. Wie in vielen friedvollen Momenten zuvor, saßen wir Schulter an Schulter und lauschten auf das, was uns die Blätter mitzuteilen hatten. Wir beobachteten die Dämmerung und genossen die Gesellschaft des anderen. Es gab keinen Grund, etwas zu sagen. Nur manchmal sang ich ihr etwas vor, und sie schien zu lächeln.

Als ich merkte, dass sie nicht mehr fressen wollte,

brachte ich sie für einen Tag zum Tierarzt, um sie intravenös zu ernähren, damit sie wieder zu Kräften komme. Ich musste den ganzen Tag daran denken, dass ich Emma am Abend abholen würde, um mit ihr bei Sonnenuntergang einen Spaziergang am Meer zu machen. Ich wollte gerade aufbrechen, um sie abzuholen, als ich in einer Schublade eine alte Krawattennadel von Daddy fand. Ich steckte sie in meine Jeanstasche als eine Art Talisman gegen das Unvermeidliche, denn ich spürte, dass wir uns dem Ende näherten.

Als ich in der Tierklinik nach Emma fragte, sagte die Krankenschwester nur leise: »Der Doktor möchte gern mit Ihnen sprechen.« Obwohl ihre Worte freundlich gemeint waren, hatte ich das Gefühl, als schlage sie mir mit dem Hammer auf den Kopf. Ich setzte mich auf einen Stuhl und fing an zu weinen. Die Tränen brachen aus Schleusen hervor, mit denen ich vor langer Zeit meine Gefühle verriegelt hatte.

Dr. Schwartz meinte, Emma sei nicht stark genug, um die Klinik zu verlassen. Er nahm mich mit ins Hinterzimmer, wo meine beste Freundin auf einer Decke auf dem Fußboden lag, und ließ uns allein. Ich legte mich neben sie.

Emma lag den ganzen Tag schon im Sterben, aber sie schien erst gehen zu wollen, wenn auch ich bereit war. Ich empfand tiefe Dankbarkeit dafür, dass sie auf mich gewartet hatte, um mich in ihrer letzten Stunde bei sich zu haben. Ich legte mein Gesicht auf ihren Nacken und fing an zu singen, während meine Hand sanft auf ihrem Herzen ruhte.

Eine einfache Melodie kam spontan in mir hoch. Es war ein Liebeslied, das ich lange vergessen hatte. Es ging darin um eine Liebe, die so groß war wie die Welt.

Ich konnte nicht mehr viel für sie tun, aber sie sollte irgendwie wissen oder fühlen, dass ich mit dem Herzen immer bei ihr war. Ein Lied kann dorthin gehen, wo ein Wort oder eine Geste niemals hingelangt, und obwohl Emma sehr schwach war, hatte ich den Eindruck, dass ihre Augen strahlten.

Dann begann ihr Körper zu zucken, und ich wusste, dass nun das Ende kam. Auf Grund meiner früheren Erfahrung eines plötzlichen Todes erwartete ich einen Kampf, ein gewaltsames Aufbäumen gegen das Lebensende. Ich hielt Emma mit geschlossenen Augen im Arm und spürte, wie ich mich selbst verkrampfte. Plötzlich jedoch durchströmte uns eine Welle der Erleichterung und des Wohlbefindens. Sie wusch meine Angst hinfort, und ich war erstaunt über die friedvolle Stimmung, in der Emma in meinen Armen starb.

Als ich meine Augen wieder öffnete, erblickte ich nur ihren leblosen und leeren Körper. Der Funken der Freude, der so viel in mir entfacht hatte, war erloschen. Emma war tot.

Früher, in meinen bitteren Jahren, hätte ich von Gott

jetzt wütend Rechenschaft gefordert. Aber an diesem Abend war mir ganz und gar nicht danach, mich mit dem Himmel zu streiten. Die göttliche Antwort war, vollkommener als ich mir sie jemals hätte vorstellen können, durch diese kleine Hündin gekommen. Es war Emmas sanfter Tod, der mich von dem immer noch vorhandenen Schmerz meiner früheren Tragödien befreit hatte. Und es war ihre für mich überraschend weise Art zu leben, die mir mein eigenes Leben zurückgab.

JENNIFER WARNES *mit* SHAWNACY KIKER

Von Herz zu Herz

Was wir empfangen,
erhält uns am Leben,
aber was wir schenken,
gibt unserem Leben Sinn.

ARTHUR ASHE

Nach vierzig Jahren

Als ich am 13. Juni 1992 von der Arbeit nach Hause kam, spielte ich zunächst, wie jeden Tag, den Chauffeur für meine vier Kinder und ging dann die Post durch. Zu meiner Freude sah ich, dass aus Nebraska eine Kopie meiner Geburtsurkunde eingetroffen war. Ich hatte sie angefordert, weil ich für eine Kreuzfahrt mit meinem Mann Mike einen Pass brauchte. Die Reise war anlässlich eines Absolvententreffens, fünfundzwanzig Jahre nach meinem High-School-Abschluss, organisiert worden, und ich freute mich sehr darauf.

Summend riss ich den Umschlag auf – und mit einem Mal war nichts mehr so wie vorher.

Am oberen Rand des Dokuments prangte breit die dreiste Verlautbarung: »Adoptiv-Geburtsurkunde«.

Da musste irgendein Irrtum vorliegen. Mit dem bloßen Öffnen der Post hat das nichts mehr zu tun, wenn du zweiundvierzig bist und dir ein Dokument unterkommt, das behauptet, du seist adoptiert!

Meine Eltern, Beatrice und Albert Whitney, waren beide schon tot, darum rief ich, als ich mich wieder gefasst hatte, jemand aus ihrer Generation an, der Bescheid wissen würde – meinen Onkel. Er wich aus und war unangenehm berührt. Er druckste und stockte, aber ich ließ nicht locker. Schließlich sagte er, ja – ich sei adoptiert worden, als ich zwei Jahre alt war, aber meine Eltern hätten jedem das Versprechen abgenommen, es mir nicht zu verraten. Taumelnd rief ich meine ältere Schwester Joan an. Auch sie bestätigte stotterig die Tatsache meiner Adoption.

Ich war vernichtet. Es kam mir so vor, als sei mein ganzes Leben eine Lüge gewesen. Ich dachte, ich wüsste, wer ich war, hatte aber keine Ahnung, wie sich jetzt herausstellte. So unlogisch es auch klingen mag – ich fühlte mich von den Whitneys hintergangen und von meiner leiblichen Mutter im Stich gelassen.

Mike und die Kinder hatten Verständnis für mich und versuchten, mich zu trösten. Schließlich sagte Mike: »Schatz, warum versuchst du nicht, deine leiblichen Eltern ausfindig zu machen?«

»Nicht jede Geschichte geht gut aus«, entgegnete ich scharf. »Meine Mutter hat mich damals nicht haben wollen. Warum sollte sie mich jetzt wollen?«

»Hör mal. Ganz egal, was passiert – du kannst dich nicht schlimmer fühlen als jetzt. Falls du sie findest, könntest du zumindest einige medizinische Informationen bekommen, die sowohl für dich als auch für unsere Kinder nützlich sein würden.«

Nach einiger Überlegung sah ich ein, dass er Recht hatte. Aber wo sollte ich anfangen?

Ich war zwar in Riverside, Kalifornien, aufgewachsen, aber ich wusste, dass ich in Omaha, Nebraska, geboren war. Dann erinnerte sich meine Schwester Joan, die zehn Jahre älter war als ich, an ein entscheidendes Detail: die Vornamen meiner biologischen Eltern. Ich setzte mich mit den Behörden in Verbindung und begann mit der Suche. Eine Freundin schlug mir vor, ich solle eine Annonce in die Zeitung von Omaha setzen. Ich hätte den Vorschlag beinahe verworfen. Wer liest schon Zeitungsanzeigen, wenn er nicht einen Job oder einen Gebrauchtwagen sucht?

Andererseits konnte es nichts schaden. Es bestand eine geringe Chance, dass irgendjemand, der entweder meine biologischen oder meine Adoptiveltern kannte, die Annonce lesen würde. Ich beschloss, es auf einen Versuch ankommen zu lassen. Die Anzeige lautete: *Ich heiße Linda, wurde am 8. 7. 1950 in Omaha als Kind einer Jeannie und eines Warren geboren und zur Adoption freigegeben. Meine Adoptiveltern sind verstorben. Ich will niemandem Schwierigkeiten machen, bitte aber um Informationen oder eine eventuelle Zusammenkunft.* Ich gab die Telefonnummer eines Sozialarbeiters in Omaha an, der mir damals behilflich war. Ich steckte nicht viel Geld in diesen speziellen Nachforschungsweg. Ich bezahlte die Anzeigenschaltung für die nächsten paar Wochen und kümmerte mich dann wieder um andere Dinge.

Die Anzeige erschien zum ersten Mal in der Sonntagsausgabe am 1. November. Am Montag läutete das

Telefon. Der Sozialarbeiter war dran. »Linda«, sagte er, »ich glaube, Sie werden ein sehr frohes Weihnachtsfest feiern.«

Eine Frau namens Jeanenne Curtis war auf die Anzeige gestoßen, hatte sie immer wieder gelesen und schließlich die Dienststelle angerufen. Sie war über Dinge informiert, von denen niemand sonst etwas hätte wissen können. »Soll ich ihr Ihre Nummer geben?« fragte er.

Als das Telefon an jenem Nachmittag läutete, war ich fast zu nervös, um dran zu gehen. Mike hielt meine Hand. Die Frau am anderen Ende sagte: »Ist dort Linda?«

»Ja«, antwortete ich. »Ist dort meine Mama?«

Und zwei Fremde brachen in Tränen aus.

Als ich meine Stimme wiedergefunden hatte, sagte ich: »Ich kann nicht glauben, dass du in den Anzeigenteil ausgerechnet an dem Tag reingeschaut hast, an dem ich die Annonce aufgegeben habe!«

Sanft erwiderte sie: »Schatz, ich suche in dieser Zeitung seit vielen Jahren jeden Tag danach.«

Ich dachte zu diesem Zeitpunkt, mich könne nichts mehr überraschen. Aber als ich ihre Lebensgeschichte hörte, die sie dann erzählte, blieb mir regelrecht die Luft weg.

Sie hatte mit siebzehn geheiratet und mich noch im gleichen Jahr bekommen. Als sie dann achtzehn war, hatten sie und mein Vater erkannt, dass es für sie beide einfach zu viel war, und sich scheiden lassen. Sie war heilfroh, eine Ganztagsbeschäftigung in Omaha gefunden zu haben, und hielt es für einen echten Glücksfall, dass sie zu meiner Betreuung und Beaufsichtigung ein reizendes älteres Paar fand, Beatrice und Albert Whitney. Das einzige Problem bestand in der Entfernung: Die Whitneys wohnten ganz am anderen Ende der Stadt; dazu brauchte man hin und zurück jeweils eineinhalb Stunden mit der Straßenbahn. Obwohl sie es nur sehr ungern tat, vereinbarte sie, mich die Woche über bei den Whitneys zu lassen und mich an den Wochenenden zu sich zu holen.

Ein Jahr lang funktionierte die Abmachung tadellos. Ich wurde offensichtlich bestens umsorgt und hatte viel Spaß mit Joan, der zwölfjährigen Tochter der Whitneys. Aber eines Tages erhielt meine Mutter einen verzweifelten Telefonanruf von Beatrice. Sie sagte, das Sozialamt habe von unserer Abmachung Wind bekommen, und wenn die Whitneys und meine Mutter nicht umgehend ein paar Routinedokumente unterschrieben, nähme man mich ihnen allen weg. Mama eilte zum Rechtsanwalt. Der erzählte ihr dieselbe Geschichte. Eigentlich verstand sie die juristischen Ausdrücke in den Schriftstücken nicht, aber sie hörte nicht auf, dem Rechtsanwalt zu versichern, sie werde alles tun, um mich nicht zu verlieren.

Die Krise war abgewendet, wie es schien. Gleich am nächsten Wochenende war mein zweiter Geburtstag, und Mama kam aufgeregt und mit Geschenken beladen, um mich zu holen. Aber als sie eintraf, war die Wohnung der Whitneys leer. Sie waren spurlos verschwunden.

Sie unternahm alles, was sie konnte, um mich zu finden. Der Rechtsanwalt der Whitneys weigerte sich, mit ihr zu sprechen. Mr. Whitneys Chef wusste lediglich, dass er auf Knall und Fall gekündigt hatte. Plötzlich beunruhigt, dass die von ihr unterschriebenen Papiere womöglich Adoptionsdokumente waren, rief sie beim Sozialamt an, aber die Sachbearbeiter sagten ihr, alle Adoptionsinformationen seien streng vertraulich.

Ohne das nötige Geld, einen Anwalt oder Privatdetektiv engagieren zu können, unternahm sie weiterhin unentwegt, was ihr möglich war. Jahre-, dann jahrzehntelang durchstöberte sie Telefonbücher aus dem gesamten Gebiet der USA. Und jeden Tag las sie den Anzeigenteil, immer auf der Suche. Vierzig Jahre lang hatte sie die Hoffnung nie aufgegeben.

Spontan wurde ich erst einmal wütend auf die Whitneys, die mich so sehr geliebt hatten, dass sie mich meiner Mutter weggenommen hatten. Aber dann dachte ich an meine leibliche Mutter und an ihren jahrzehntelangen Kummer. Im Vergleich dazu kamen mir die paar Monate, die ich gelitten hatte, wie eine Lappalie vor.

Aber mein dritter Gedanke war ein freudiger: Meine Mutter liebte mich durchaus. Sie wollte mich wirklich!

Ich kann die sofortige Bindung nicht erklären, die zwischen uns entstanden war. Wir brachten die Telefonleitungen zum Glühen. Mama war verheiratet, hatte einen Sohn gehabt, der bereits früh verstorben war, und eine Tochter namens Debbie. Sie und ihr Mann hatten noch einen Sohn aus Vietnam adoptiert. Als sie dreiundfünfzig war, hatte sie ein Collegestudium absolviert. Auch ich breitete sämtliche Einzelheiten meines Lebens vor ihr aus.

Wie das Schicksal und das elektronische Zeitalter es haben wollten, trafen wir tatsächlich zusammen: Jemand aus der »Faith-Daniels-Show« las die Geschichte von unserer Wiedervereinigung in der Zeitung aus Omaha. Wir wurden hingeflogen, damit wir an der Show teilnehmen konnten. Ich bin sicher, dass es ein großartiges Fernsehereignis war: Wir fielen einander in die Arme und weinten ausgiebig.

Am diesjährigen Erntedankfest kam meine neue Familie, um mit uns in Utah zu feiern. Am ersten Weihnachtsfeiertag flog ich zu Mama nach Omaha, um zwei Wochen mit ihr zu verbringen.

Ich bin ein zu gläubiger Mensch, um der Meinung zu sein, ich hätte Mama rein zufällig gefunden. Selbst das Timing war anscheinend vorherbestimmt. Wissen Sie, wir hatten eineinhalb Jahre lang Zeit, uns kennen zu lernen und Freundinnen zu werden. Danach erkrankte sie plötzlich an einem schweren Nierenleiden und starb.

Aber diese eineinhalb Jahre waren ein kostbares Geschenk. So schmerzlich die Entdeckung der Wahrheit auch war – ich bin dennoch dankbar, dass es dazu kam.

Für mich ist der Anzeigenteil der Zeitung nicht mehr bloß eine Art Börse, in der man Jobs und Gebrauchtwagen findet.

Ich weiß, dass man dort auch gelegentlich sein Herz findet.

LINDA O'CAMB

Die kleinen roten Stiefel

> Beobachte. Warte ab. Die Zeit wird sich
> entfalten und ihren Zweck erfüllen.
> MARIANNE WILLIAMSON

Als meine Enkelin Tate kürzlich ihren fünften Geburtstag feierte, machte ihre Mutter ihr ein ganz besonderes Geschenk – ein Paar rote Cowgirlstiefel, die ihr selbst gehört hatten, als sie ein kleines Mädchen war. Tate zog die kleinen roten Stiefel an und tanzte aufgeregt im Zimmer herum. Meine Gedanken kehrten zu jenem Nachmittag zurück, an dem meine Schwiegertochter Kelly mir die kleinen roten Stiefel gezeigt und mir von dem Tag berichtet hatte, an dem sie sie zum ersten Mal trug. Kelly machte an jenem Tag nicht nur die aufregende Erfahrung, ihr erstes Paar richtiger Cowgirlstiefel zu tragen, sondern sie begegnete an ebendiesem Tag auch ihrer ersten Liebe.

Er war ihr erster »älterer Mann« – sie war fünf, und er war sieben! Er lebte in der Stadt, und sein Vater hatte ihn an einem Sonntagnachmittag auf die Farm von Kellys Großvater mitgenommen, damit er auf einem Pferd reiten konnte. Kelly saß auf der obersten Zaunlatte und schaute zu, wie ihr Großvater das Pony sattelte. Sie war stolz auf ihre glänzenden, neuen roten Stiefel und sichtlich darum bemüht, sie nicht schmutzig zu machen.

In dem Moment kam der Stadtjunge herüber, um sie zu begrüßen. Er lächelte Kelly an und bewunderte ihre roten Cowgirlstiefel. Es muss Liebe auf den ersten Blick gewesen sein, denn Kelly hörte sich selbst, wie sie ihm einen Ritt auf ihrem Pony anbot. Sie hatte vorher noch nie jemanden auf ihrem Pony reiten lassen.

Kellys Großvater verkaufte die Pferderanch im Laufe des Jahres, und sie sah den kleinen Jungen nie wieder. Doch aus irgendeinem Grund hatte sie den geheimnisvollen Tag, an dem sie fünf Jahre alt wurde, nie vergessen, und jedes Mal, wenn sie ihre roten Cowgirlstiefel anzog, dachte sie an den süßen kleinen Stadtjungen. Als Kelly aus den Stiefeln herauswuchs, beschloss ihre Mutter, sie nicht wegzuwerfen, sondern sie irgendwo zu verstauen. Kelly hatte die kleinen roten Stiefel so sehr geliebt.

Viele Jahre vergingen. Kelly wuchs zu einer schönen jungen Frau heran und lernte meinen Sohn Marty kennen. Sie heirateten und bekamen eine Tochter, Tate. Eines Tages, als Kelly in ein paar alten Kartons herumwühlte und Sachen für den Flohmarkt suchte, fand sie die kleinen roten Stiefel. Angenehme Erinnerungen ließen ihr Herz weit werden. »Ich liebte diese Stiefel«, erinnerte sie sich mit einem Lächeln. »Ich glaube, ich schenke sie Tate zum Geburtstag!«

Tates Lachen brachte mich wieder in die Gegenwart zurück. Ich sah, wie mein Sohn seine kichernde Tochter in seinen Armen hochhielt und mit ihr durch den Raum tanzte; sie hatte ihre roten Geburtstagsstiefel an.

»Ich mag deine neuen roten Cowgirlstiefel, mein kleiner Schatz«, sagte er zu ihr. »Sie erinnern mich aus irgendeinem Grund an den Tag, an dem ich mein erstes Pony ritt. Ich war kaum älter als du.«

»Ist das eine wahre Geschichte, Papi? Oder eine, von der wir glauben sollen, dass sie wahr ist? Hat sie ein Happyend? Ich liebe Geschichten mit einem glücklichen Ende«, sagte Tate. Sie mochte es gern, wenn ihr Vater Geschichten über seine Kindheit erzählte, und bat ihn, ihr über seinen ersten Ritt auf einem Pony zu erzählen. Marty lachte über Tates nie endende Flut von Fragen und setzte sich in den großen Liegesessel. Tate kletterte auf seinen Schoß.

»Es gab einmal«, begann er, »einen kleinen Jungen, der sieben Jahre alt war, ich lebte in der großen Stadt St. Louis in Missouri. Und weißt du, was ich mir mehr als alles in der Welt wünschte? Ein Pferd! Ich erzählte meinem Papa, dass ich, wenn ich groß wäre, ein richtiger Cowboy sein wollte. Mein Papa nahm mich in dem Sommer auf eine Farm nicht weit von hier mit und ließ mich auf einem richtigen Pony reiten. Ich erinnere mich an ein kleines Mädchen auf der Farm, das auf einem Zaun saß. Sie hatte neue rote Cowgirlstiefel an, genau wie deine.«

Kelly saß da und hörte Marty zu, wie er ihrer Tochter von seinem ersten Ritt auf einem Pony erzählte. Als er von den roten Stiefeln erzählte, weiteten sich ihre Augen erstaunt, und ihr Herz schlug verwundert schneller. Marty war der süße Stadtjunge gewesen, den sie damals im Alter von nur fünf Jahren getroffen hatte!

»Marty«, sagte sie mit zitternder Stimme, »ich war das kleine Mädchen. Es war die Farm meines Großvaters, und das sind dieselben roten Stiefel!«

Tate saß glücklich auf dem Schoß ihres Vaters und war sich nicht des geheimnisvollen Moments bewusst, in dem ihre Eltern erkannten, dass sie sich als Kinder begegnet waren und dass sie sogar zu jener Zeit bereits die besondere Verbindung gespürt hatten, die zwischen ihren beiden Herzen bestand.

JEANNIE S. WILLIAMS

Ein Engel in Uniform

> Wo große Liebe waltet, sind
> immer Wunder zur Stelle.
> WILLA CATHER

Dies ist eine Familiengeschichte, die mein Vater mir erzählt hat.

1949 war mein Vater gerade aus dem Krieg heimgekehrt. Auf jedem amerikanischen Highway konnte man Soldaten in Uniform sehen, die zu ihren Familien heimtrampten.

Leider wurde die Freude über seine Rückkehr bald überschattet: Meine Großmutter wurde sehr krank und musste ins Krankenhaus eingewiesen werden. Es waren ihre Nieren, und die Ärzte sagten meinem Vater, sie brauche sofort eine Bluttransfusion, oder sie werde die Nacht nicht überleben. Das Problem war, dass Großmutter die Blutgruppe AB negativ hatte, eine auch heute sehr seltene Blutgruppe, die aber damals extrem schwer zu beschaffen war, weil es keine Blutbanken oder speziellen Flüge für den Bluttransport gab. Man überprüfte die Blutgruppen der Familienmitglieder, aber keiner hatte die gesuchte. Daher machten die Ärzte der Familie keine Hoffnung – meine Großmutter lag im Sterben.

Weinend verließ mein Vater das Krankenhaus, um sämtliche Familienmitglieder zusammenzurufen, damit jedes die Möglichkeit hätte, sich von Großmutter zu verabschieden. Während er den Highway entlangfuhr, kam er an einem Soldaten in Uniform vorbei, der zu seiner Familie heimtrampte. Völlig mit seinem Kummer beschäftigt, fuhr mein Vater an dem Soldaten vorbei, doch irgendetwas, das ihm nicht bewusst war, zog ihn an den Straßenrand. Er hielt an und wartete, bis der Fremde ins Auto gestiegen war.

Mein Vater war zu sehr außer Fassung, um den Soldaten auch nur nach seinem Namen zu fragen. Als dieser bemerkte, dass mein Vater weinte, erkundigte er sich nach dem Grund. Unter Tränen erzählte mein Vater dem Fremden, seine Mutter liege im Sterben, weil die Ärzte kein Blut mit ihrer Blutgruppe, AB negativ, hätten auftreiben können. Wenn sie vor Einbruch der Nacht kein Blut mit dieser Blutgruppe auftreiben würden, werde sie unweigerlich sterben.

In dem Wagen wurde es ganz still. Dann streckte dieser unbekannte Soldat seine Hand zu meinem Vater hin aus, den Handteller nach oben. Auf seiner Handfläche lag die zweiteilige »Hundemarke«, die die Soldaten sonst um den Hals trugen. Die Blutgruppe auf der »Hundemarke« war AB negativ. Der Soldat sagte meinem Vater, er solle wenden und ihn zu dem Krankenhaus bringen.

Meine Großmutter lebte bis 1996, also noch siebenundvierzig Jahre, und bis heute kennt keiner in unserer Familie den Namen des Soldaten. Aber mein Vater hat sich oft gefragt: War er ein Soldat oder ein Engel in Uniform?

JEANNIE ECKE SOWELL

In jedem Frühjahr blüht der Flieder

> Im Grunde genommen wollen wir alle nur geliebt werden.
> JAMIE YELLIN, *14 Jahre*

Heute (und dies ist mein Stichwort zu seufzen) ist nicht gerade mein bester Tag. Ich habe das Gefühl, dass alles nur so an mir vorbeizieht, und vor allem die nächste Psychologiestunde macht mir Angst. Als letztes blödes Projekt des Jahres sollen wir ein Foto von uns selbst mitbringen, das eine wirklich glückliche Zeit in unserer Kindheit zeigt.

Das Problem war nicht, das richtige Foto zu finden – ich wusste sofort, welches ich mitbringen würde. Auf meinem Schreibtisch steht ein gerahmtes Bild, das von mir und meiner inzwischen verstorbenen Oma Sherrie gemacht wurde, als ich acht war. Es war Frühling, und wir hatten zusammen eine lange Busreise zu einem Fliederfest unternommen. Wir haben den ganzen Nachmittag damit verbracht, mit geschlossenen Augen Fliederblüten zu beschnuppern. Das Foto hatte ein lustiger alter Mann gemacht, der uns witzige Geschichten erzählte, als er uns am frühen Abend zur Bushaltestelle brachte. Wir haben ihn nie wieder gesehen, aber wenn ich mich so zurückerinnere, frage ich mich, ob er nicht ein Auge auf Oma Sherrie geworfen hatte.

Während ich darauf warte, dass die Mittagspause vorübergeht, schaue ich mir das Bild an und weiß, dass das Foto die Schönheit meiner Oma nicht wiedergibt – kurzes, schlichtes, silbernes Haar und große, leicht hervorstehende braune Augen. Die Nase ist zu groß und die Stirn zu hoch. Meine Oma wirkt gedrungen und ein wenig pummelig. Neben ihr, ihre Hand fest umklammernd, bin ich eine kleinere und jüngere Ausgabe von ihr. Wir hatten sogar die gleichen zierlichen Füße und unvorstellbar lange Zehen. Hatten. Nun kann man nur noch über meine komischen Füße lachen, aber ich bin nie wieder jemandem begegnet, mit dem es so lustig war wie mit meiner Oma. Als sie vor zwei Jahren starb, ging mit ihr ein Teil meines Lebens.

Daher ist dies das einzige Bild, das ich mitbringen konnte. Ich kann keine Gelegenheit auslassen, um sie wieder ein wenig zurückzuholen und den Abdruck, den sie in meinem Leben hinterlassen hat, zu würdigen. Gleichzeitig war ich mir bewusst, dass nur sehr wenige Menschen, wenn überhaupt jemand, meine Geschichte schätzen würden.

Ich setze mich an meinen Tisch und bin froh, heil angekommen zu sein. Irgendwie fühle ich mich in großen Unterrichtsräumen unwohl. Wenn ich von Menschen umgeben bin, spüre ich mehr als sonst, wie groß die

Entfernung zwischen uns ist. Ich habe niemanden, mit dem ich spazieren gehen oder mich über die normalen Dinge des Alltags austauschen kann. Ich sehe diese Menschen jeden Tag, und manchmal stoße ich auch gegen sie. Aber sie sind mir nicht vertrauter als irgendein Fremder auf der Straße. Wir schauen uns noch nicht einmal an.

Während die anderen ins Klassenzimmer strömen, sitze ich schon da, mit dem Bild auf meinem Schoß, und umschließe es mit den Händen. *Warum habe ich bloß kein anderes mitgebracht? Warum war ich mir so sicher, dass meine Worte alles erklären konnten?*

Die Lehrerin trat vor die Klasse. Wir mögen einander nicht besonders. Sie mag lieber Schülerinnen, die nach der Stunde noch bleiben, um über ihre Freunde zu reden und sich über Strafarbeiten zu beschweren. Ich bleibe manchmal nach der Stunde da, um ihr Artikel über neue Behandlungsmethoden für Autismus zu zeigen. Ich wünschte, sie hätte mich gern, obwohl ich sie selbst auch nicht so annehmen kann, wie sie ist.

Sie bittet um Freiwillige, um mit der Präsentation der Fotos zu beginnen. Erwartungsvoll lächelt sie mich in der ersten Reihe an (wo könnte ich sonst auch sein?). Ich stehe auf, wie ein Freiwilliger aus dem Bilderbuch. Hinter mir ertönt eine Stimme:

»Ich wette, sie hat ein Bild von ihren ersten Enzyklopädiebänden mitgebracht.«

Nein, tut mir Leid, das hängt eingerahmt über dem Kamin.

Augen, all diese Augen, die mich gedankenlos anstarren.

»Dieses Bild zeigte meine Oma Sherrie und mich, als ich acht Jahre alt war. Sie nahm mich zu einem Fliederfest mit – einer Veranstaltung, die einmal im Jahr stattfand.«

Veranstaltung? Ich hätte besser ein anderes Wort gewählt. »Sie hatten alle möglichen Arten von Flieder, seltene und bekannte Exemplare, rosafarbene, violette und weiße. Es war wunderbar.«

Was erzähle ich bloß für langweiliges Zeug?

Ich schaue hinunter auf das Foto. Die Frau und das Mädchen stehen Hand in Hand vor einem großen Busch voller violetter Fliederblüten. Das Paar sieht aus, als wollte es gleich losmarschieren und die Welt erobern – einfach nur zu zweit in ihren Wanderschuhen.

»Wenn ich dieses Bild anschaue, kann ich den Flieder fast riechen. Besonders jetzt im Frühling. Es war der perfekte Ausflug, und als wir wieder zu Hause waren, machte meine Oma für mich Spaghetti und erlaubte mir, Schokostreusel auf meine Eiscreme zu streuen …« Thema verfehlt. Ich verliere Zuhörer, die ich nie hatte.

»Aber wie ich schon sagte, äh, es war ein absolut gelungener Tag. Ich kann mich an keinen schöneren Tag seitdem erinnern. Als ich neun war, wurde meine Oma krank ...« Plötzlich spüre ich Tränen auf meinen Wangen. »... und ihr ging es nie wieder gut.« Zeit, um wegzurennen, zu flüchten, auf jeden Fall sich hinzusetzen.

Ich sinke auf meinen Stuhl und umklammere das Bild. Kein Beifall. Die Lehrerin nimmt sofort und allzu gut gelaunt jemand anderen an die Reihe. Die Stunde ist schnell vorbei, nachdem zehn oder zwölf Jahre vergangen sind. Ich entkomme in das wimmelnde Chaos auf dem Flur.

Ein wirklich miserabler Tag.

Aber, wie heißt es so schön, es kommt immer ein neuer Tag. In dieser Redewendung schwingt für mich auch mit, dass es keinen Sinn macht, den heutigen Tag hinter sich zu bringen, weil du es in weniger als vierundzwanzig Stunden schon wieder tun musst.

Aber hier bin ich, am nächsten Morgen, an der Tür meiner Psychologieklasse, und fühle mich so, als ob ich gerade herausgekommen wäre. Ausgerechnet heute bin ich zu spät dran, da ich meine Mappe fallen lassen und ihren Inhalt weit verstreut habe. Alle schauen mich an. Am Tag zuvor hatte ich zwei wichtige Regeln verletzt. Ich habe nicht nur zu viel Emotionen gezeigt, sondern auch zu erkennen gegeben, dass mir etwas so Belangloses wie meine Großmutter am Herzen lag. Nun, an einem Tag bin ich unsichtbar und am nächsten Tag das Objekt öffentlicher Verachtung. Beides nicht gerade angenehme Lebenssituationen. Ich gehe zu meinem

Tisch. Auf dem Sitz meines Stuhls steht eine Einkaufstüte aus Papier. In Erwartung einer stinkenden Schuluniform mit Tennisschuhen schaue ich flüchtig hinein.

Oh, mein Gott. Ich fühle, wie meine Umrisse zerfließen.

Die Tüte ist voll von Fliederzweigen. Ihr Duft berührt meine Seele, und ich fühle sie mit einem Teil von mir, den ich für verwelkt und tot gehalten habe. *Bin ich noch in meinem wirklichen Leben?* Ich schaue auf (alle starren mich unverhohlen an – aber es muss einer von ihnen gewesen sein, ein sentimentaler Rebell, der nicht erkannt werden will). Aber wer?

Ich nehme die Papiertüte beiseite und setze mich. Die Lehrerin ist ärgerlich.

»Können wir endlich anfangen? Eure Präsentationen von gestern gehen mit in die Benotung ein ...«

Zwischen den Blüten steckt ein kleiner Zettel. Auf ihm stehen nur zwei Sätze:

Wir werden unseren Platz in der Welt finden.
Bis dahin blüht in jedem Frühjahr der Flieder.

BLUE JEAN MAGAZINE

Die Verbindung zu den Menschen

> Es war im Sommer nach der vierten
> Klasse, als ich verstand, dass unsere
> Verbindung zu anderen Menschen
> lebenswichtig für uns ist.
> JOEL WALKER, *11 Jahre*

»Ich werde sterben! Ich werde sterben!«, schrie ich immer wieder und klammerte mich mit aller Kraft an mein Leben. Plötzlich rutschten meine Zehenspitzen von der Spalte ab, die mich bis dahin noch gehalten hatte. »Ich werde sterben!«, schrie ich erneut. *Wenn ich mit meinem Fuß keinen Halt finde*, dachte ich, *werde ich hinunterfallen.* Ich tastete mit meiner Fußspitze herum und fand einen Punkt, der mir Halt gab. Ich schaute durch den Dampf hindurch nach oben und sah meinen Freund Warren, der am Rande des Abgrunds kniete.

»Nimm meine Hand«, rief er. Ich streckte meine Hand so weit es ging nach oben, ohne dass ich dadurch meinen Halt verlor. Ich konnte Warrens Hand jedoch nicht ergreifen, weil meine Hände über und über mit Schwefel bedeckt waren.

»Mach dir keine Sorge. Ich werde dich nicht allein lassen«, versicherte er mir. »Wir holen dich da raus, Joel.«

Warren stand direkt neben der Öffnung, aus der der Schwefeldampf abzog, und redete auf mich ein, während ein anderer Junge loslief, um Hilfe zu holen. Ich wusste, dass sie alles in ihrer Macht Stehende tun würden, um mir zu helfen.

Unsere Freundschaft war aus unserer Verbindung in einem Klub heraus entstanden, und das Vertrauen, das wir ineinander hatten, entwickelte sich während unseres gemeinsamen Trainings und unserer Fußballspiele in unserem Verein Ameba. Effektives Kommunizieren hatten wir gelernt, indem wir uns gegenseitig zuriefen »Hinter dir« oder »Eröffne auf dieser Seite«.

Unser Team war das ganze Jahr über zusammen. In jenem Sommer hatten wir das Glück, nach Hawaii zum großen Inselpokalturnier fahren zu können. Es war das erste Mal seit zehn Jahren, dass ein Team aus unserem Verein diese Möglichkeit bekam. Wir brauchten nur das Geld für die Fahrt dorthin aufzubringen! Unsere Spieler gingen in unserer Stadt von Tür zu Tür, und von den großzügigen Spenden, die wir erhielten, konnten wir unsere Turnierausgaben bestreiten. Wir waren in Richtung Kona unterwegs, und es warteten neun Tage voller Abenteuer auf uns.

Wir kamen im Hotel an und trainierten am ersten Tag ein paar Stunden. Am nächsten Tag stand für uns noch kein Match auf dem Spielplan, und so machten wir uns geschlossen auf, um die Gegend etwas zu erkunden.

Wir fuhren zu den Ruinen eines niedergebrannten Dorfes, das im Lavastrom eines ausbrechenden Vulkans gelegen hatte und durch die geschmolzene Lava zerstört worden war. Wir hatten nicht genug Zeit, um an den Krater des Vulkans hinaufzuwandern, also machten wir uns auf den Weg zu den dampfenden Abzugsöffnungen des Vulkans im Nationalpark. Eine Dampfabzugsöffnung ist eine Spalte in der Erdoberfläche, die durch den Druck und die Hitze des Vulkans entsteht. Dieselbe Hitze, die aus dem Vulkan ausbricht, steigt auch aus diesen Öffnungen. Einige Spalten sind groß und durch den Dampf, der aus ihnen emporsteigt, einfach zu erkennen. Andere sind klein und nur schwer auszumachen, sodass wir aufpassen mussten, wohin wir traten, da sie sich praktisch durch das Gras verdeckt überall im Park befinden konnten.

Ich wollte ein paar Fotos machen und ging mit Warren auf die Suche nach einer dampfenden Abzugsspalte, um sie zu fotografieren. In dem Augenblick, als ich Warren rufen hörte: »Joel, du gehst gerade an einer vorbei«, wendete ich mich so abrupt um, dass ich über ein Grasbüschel stolperte. Als Nächstes fand ich mich in einer Dampfabzugsspalte eingeklemmt wieder, die gerade so groß war, dass ich hatte hineinfallen können.

Zu dem Zeitpunkt fing ich an, um mein Leben zu schreien. Warren versuchte, mich zu retten, doch der glitschige braune Schwefel, der bei Vulkanen als Nebenprodukt entsteht, verbrannte meine Hände derart, dass wir uns unmöglich aneinander festhalten konnten.

Mein Gehirn sandte entsetzte Paniksignale durch meinen ganzen Körper. Ich drückte mit den Händen gegen die Seitenwände der dampfenden Abzugsspalte und verbrannte mich dabei so stark an dem geschmolzenen Schwefel, dass sich riesige Brandblasen an meinen Fingern und auf meinen Handflächen bildeten. Ich fühlte, dass ich an der tödlichen Hitze des Dampfes sterben würde, wenn ich noch etwas weiter hinunterrutschte. Noch schlimmer wäre es, wenn ich in den unheimlichen schwarzen Durchgang fallen würde, der nach innen in das kochende Lavazentrum des Vulkans führte.

Irgendwie lösten sich meine Schuhe von meinen Füßen. Ich weiß nicht, wie das passieren konnte, denn ich hatte Socken an, die das Abgleiten meiner Schuhe von meinen Füßen an sich verhindert haben müssten. Doch dieser Umstand bewirkte, dass die Gummisohlen meiner Schuhe nicht mit der Haut meiner Fußsohlen verschmolzen. Der heiße, nach faulen Eiern stinkende Schwefel verbrannte meine Fußsohlen ohnehin durch meine Socken hindurch.

Ich versuchte, durch den glühend heißen Dampf nach oben zu schauen. Dieses Mal sah ich einen Mann – einen Fremden – der herunterrief, dass Hilfe komme. Warren fügte aufmunternd hinzu: »Sie kommen, Joel. Halt durch!« Die Aufsichtsmannschaft des Parks war bald zur Stelle, und sie bildeten rasch eine menschliche Kette, sodass derjenige, der mich herauszog, nicht mit mir hinunterstürzen würde. Eine unserer Betreuerinnen kam herunter, und es entstand schließlich die Verbindung, die mein Leben rettete.

In dem Augenblick, als sich unsere Hände ineinander verankert hatten, zog sie so stark, wie sie konnte. Ich landete auf dem Boden direkt neben der Abzugsspalte. Ohne zu zögern rissen mir die Erwachsenen meine glühend heiße Kleidung vom Leib, bevor die Verbrennungen noch schlimmer wurden. Es kümmerte mich nicht einmal, dass ich vor allen nackt dastand! Mir liefen Schauer über den ganzen Körper, und ich zitterte, noch nie hatte ich solche schreckliche Schmerzen empfunden. Doch ich war einfach nur froh, am Leben zu sein!

Der Fremde, der herbeigeeilt war, um mein Leben zu retten, brachte mich zum Wagen meines Trainers. Wir fuhren zum Besucherzentrum, und dort konnte der Notarzt gerufen werden. Ein Parkaufseher fuhr in seinem Jeep an uns vorbei. Wir hielten ihn an, und er folgte uns zum Bürogebäude des Parks. Um die Verbrennungen abzukühlen, tauchte er mich als Erstes in ein Becken mit kaltem Wasser. Kurz danach kam der Rettungswagen. Auf halbem Weg ins Krankenhaus, nachdem die Notärzte meinen Blutdruck und meine Temperatur gemessen hatten, wurde ich in einen anderen Rettungswagen umgebettet, nur weil an dieser Stelle irgendeine undefinierbare Gemeindegrenze verlief. Ich bat den Fahrer immer wieder: »Fahren Sie weiter! Bitte halten Sie nicht an!« Ich hatte solche Schmerzen und wollte einfach nur ins Krankenhaus. Die Notärzte im zweiten Rettungswagen mussten alle Messungen erneut durchführen! Das Ganze schien eine halbe Ewigkeit zu dauern.

Als ich endlich im Krankenhaus angekommen und wegen meiner Verbrennungen behandelt worden war, ließ der erste Schock langsam nach. Mir wurde klar, wie wichtig Freunde sind, wie wichtig Menschen sind – für uns alle. Sie retteten mein Leben! Wäre ich allein gewesen, dann wäre ich gestorben.

Durch das Fernsehen verbreitete sich die Nachricht über meinen Unfall von Hawaii bis nach Kalifornien. Meine Mutter flog mit dem ersten Flugzeug, das sie kriegen konnte, nach Hawaii, und sogar auf dem Flugplatz von Los Angeles erkannten die Menschen bei meiner Rückkehr in mir »den Jungen, der in die dampfende Abzugsspalte gefallen war«. Sie hielten mitten im Wort inne, und ich bemerkte, dass sie wirklich besorgt um mich waren. Viele Menschen sagten mir, dass sie für mich gebetet hätten.

Meine Familie und meine Freunde standen mir während meiner schmerzvollen Genesung zur Seite. Meine Eltern brachten mich zur Behandlung in ein nahe gelegenes Krankenhaus, und ich musste mich dort vier Wochen lang jeden Tag einer Whirlpooltherapie unterziehen. Jedes Mal begleitete mich entweder meine Mom oder mein Dad. Dieses Eintauchen ins Wasser war die schmerzhafteste Prozedur, die ich jemals über mich ergehen lassen musste. Ich küsste jedes Mal immer wieder die Hände meiner Mutter oder meines Vaters, um mich von den Schmerzen abzulenken. So erschien mir der Schmerz weniger unerträglich.

Seit jenem Sommertag, der beinahe mein letzter gewesen wäre, habe ich eine Menge gelernt. Diese Erfahrung hat die Beziehungen zu meinen Freunden verändert. Wir reden viel mehr zusammen über alles und jedes. Mir liegt auch mehr daran, mit meiner Familie zusammen zu sein, genauso, wie sie für mich dagewesen waren. Als sich meine Mutter ihren Daumen nähen lassen musste, blieb ich in der Notaufnahme ununterbrochen bei ihr und hielt ihre Hand. Ich verstehe, wie wichtig moralische Unterstützung ist – einfach nur da zu sein für die Menschen. Ich reiche anderen öfter die Hand, als ich es vorher getan habe.

Als der Sommer vorüber war und ich meine Therapie hinter mir hatte, kehrte ich wieder an meinen Platz zurück und spielte Fußball. Ich hatte den Sport wirklich vermisst. Doch vor allem hatte ich meine Freunde vermisst – die Verbindung zu den Menschen.

JOEL WALKER, *11 Jahre*

Gesten der Liebe und des Vertrauens

Lass die Schönheit deiner Liebe
dein Handeln bestimmen.

RUMI

Das Herz weiß Gründe,
die der Verstand nicht nachvollziehen kann.

BLAISE PASCAL

Gib es weiter

> Wir neigen dazu, Erfolg eher nach der Höhe unserer Gehälter und nach der Größe unserer Autos zu bestimmen als nach dem Grad unserer Hilfsbereitschaft und dem Maß unserer Menschlichkeit.
> MARTIN LUTHER KING

Ich befand mich mit meiner Frau und unserer zweijährigen Tochter auf einem abgelegenen, verschneiten Campingplatz im Rogue River Valley in Oregon. Unser Wohnmobil machte nicht mehr den besten Eindruck. Wir waren verreist, um den Abschluss meiner Assistenzzeit im Krankenhaus zu feiern, aber mein frisch erworbenes medizinisches Wissen nützte wenig bei diesem Gefährt, das wir uns extra für unsere Fahrt gemietet hatten.

Die Ereignisse liegen schon zwanzig Jahre zurück, aber ich erinnere mich noch gut an jenen Tag und den wolkenlosen Himmel über Oregon. Ich war gerade aufgewacht und fummelte an der Taschenlampe herum, aber sie funktionierte nicht mehr. Ich versuchte die Zündung. Keine Reaktion. Als ich aus dem Wohnmobil stieg, schluckte das Rauschen eines mächtigen Wasserfalls glücklicherweise meine Flüche.

Meine Frau und ich kamen nach einer Weile zu dem Schluss, dass die Autobatterie leer war und meine Füße mehr wert waren als meine Kenntnisse als Automechaniker. Ich beschloss, die paar Meilen zurück zur Hauptstraße zu laufen, während sie mit unserer Tochter an Ort und Stelle blieb.

Zwei Stunden und einen verstauchten Knöchel später hatte ich schließlich die Hauptstraße erreicht und hielt einen LKW an, der Baumstämme transportierte. Der Fahrer ließ mich an der ersten Tankstelle raus und fuhr weiter. Als ich mich dem Tankstellenhäuschen näherte, dämmerte mir, dass heute Sonntag war. Alles war totenstill. Zum Glück gab es eine Telefonzelle und ein zerschlissenes Telefonbuch. Ich rief die einzige Werkstatt an, die ich im Umkreis von zwanzig Meilen finden konnte.

Der Mann am anderen Ende der Leitung hörte zu, als ich ihm meine missliche Lage schilderte. »Kein Problem«, sagte er, als ich ihm meinen Standort mitteilte. »Ich habe zwar normalerweise sonntags geschlossen, aber ich kann in einer halben Stunde bei Ihnen sein.« Ich war erleichtert, dass jemand kam, machte mir aber auch Sorgen über die Auswirkungen dieser Hilfe auf meinen Geldbeutel.

Bob erschien in einem funkelnden roten Abschleppwagen, und wir fuhren zusammen zum Campingplatz. Als ich ausgestiegen war, stellte ich überrascht fest, dass Bob sich mit Krücken aus dem Fahrzeug hievte. Er war beidseitig gelähmt!

Als er mit seinen Krücken die paar Meter zum Wohnmobil ging, begann ich, die möglichen Kosten seiner Wohltat im Geiste durchzukalkulieren.

»Ha, es ist nur eine leere Batterie. Ein kleiner Kaltstart, und Sie sind schon wieder unterwegs.« Bob brachte die Batterie in Ordnung, und während sie sich auflud, unterhielt er meine Tochter mit Zaubertricks. Er holte sogar einen Vierteldollar aus seinem Ohr und schenkte ihn ihr.

Als er die Überbrückungskabel zurück in seinen Wagen legte, fragte ich ihn, wie viel ich ihm schulde.

»Oh, nichts«, antwortete er zu meiner Überraschung.

»Ich möchte Ihnen aber etwas bezahlen«, beharrte ich.

»Nein«, wiederholte er. »Damals in Vietnam half mir jemand aus einer schlimmeren Situation als dieser, als ich meine beiden Beine verloren hatte. Er meinte, ich solle seine Hilfe weitergeben. Sie schulden mir also keinen Cent. Geben Sie es einfach weiter, wenn sich die Gelegenheit dazu bietet.«

Schneller Vorlauf über zwanzig Jahre in meine Arztpraxis, in der ich häufig Medizinstudenten ausbilde. Cindy kam aus einem anderen Bundesstaat und war Studentin im zweiten Jahr. Sie blieb für einen Monat und wohnte in dieser Zeit bei ihrer Mutter, die hier lebte. Wir hatten gerade eine Patientin untersucht, deren

Leben durch Drogensucht und Alkoholmissbrauch zerrüttet war. Cindy und ich waren im Schwesternzimmer und diskutierten bestimmte Behandlungsmöglichkeiten, als ich plötzlich bemerkte, wie Cindy feuchte Augen bekam. »Unterhalten Sie sich nicht gern über diese Dinge?«, fragte ich sie.

»Nein«, schluchzte Cindy, »es ist nur ... meine Mutter könnte diese Patientin gewesen sein. Sie hat das gleiche Problem.«

Wir verbrachten die Mittagszeit im Besprechungsraum und unterhielten uns über die tragische Geschichte ihrer alkoholsüchtigen Mutter. Unter Tränen erzählte Cindy von all den Jahren, in denen in ihrer Familie nur Wut, Verwirrung und Feindseligkeit geherrscht hatten. Die Erinnerung schmerzte sie sehr. Ich machte Cindy Hoffnung, dass ihre Mutter vielleicht eine Therapie anfangen könnte, und wir arrangierten ein Treffen mit einem qualifizierten Therapeuten. Nachdem alle Familienmitglieder sie stark ermutigt hatten, diesen Schritt zu tun, willigte Cindys Mutter schließlich in eine stationäre Behandlung ein. Sie ging für mehrere Wochen ins Krankenhaus, und als sie herauskam, hatte sich etwas in ihr verändert. Cindys Familie hatte vor dem Abgrund gestanden, zum ersten Mal spürten jetzt alle einen Hoffnungsschimmer.

»Wie kann ich Ihnen das je zurückzahlen?«, fragte Cindy.

Ich dachte in diesem Moment an das klapprige Wohnmobil und den gelähmten Samariter auf dem zugeschneiten Campingplatz in Oregon und wusste, dass ich ihr nur eine Antwort geben konnte: »Geben Sie es einfach weiter.«

Dr. Kenneth G. Davis

Kelly, der fliegende Engel

Kelly und das Pony begegneten sich zum ersten Mal, als Kelly sieben war. Mit ihrem Vater war sie zu einer benachbarten Farm gefahren, um Saatgut zu kaufen. Das zottige, braun-weiße Pony stand allein in einem Gehege. Kelly fasste durch den Drahtzaun und streichelte die warme, samtene Blesse des Ponys. Kelly redete dem Pony gut zu, als es mit seiner Schnauze in ihrer Hand nach etwas Essbarem suchte. »Wie heißt du, Pony? Du siehst so traurig und einsam aus.«

»Es hat keinen Namen«, knurrte der Farmer. »Es ist zu nichts mehr nutze. Es ist alt und es ist auf einem Auge blind. Seitdem die Kinder nicht mehr hier sind, habe ich keine Verwendung mehr für das Pony.« Er wandte sich wieder an Kellys Vater, der die Säcke mit dem Saatgut in den Wagen geladen hatte und ein paar zerknitterte Scheine aus seiner Tasche zog. »Sie können es haben, wenn Sie mir etwas für den Sattel zahlen.«

»Wie viel?«, erkundigte sich ihr Vater, ohne auch nur einen Blick auf das Pony zu werfen.

»Zwanzig.« Der Mann streckte eine schwielige Hand nach dem Geld aus. Kellys Vater holte einen weiteren Geldschein aus der Tasche. Knorrige Finger ergriffen die Scheine und ließen sie rasch in der Tasche des abgetragenen, schmutzigen Overalls verschwinden.

Kelly hielt das Zaumzeug im Arm, als sie heimfuhren, ihre Aufregung nahm zu. Sie schaute immer wieder nach hinten in den Lastwagen, um sicherzugehen, dass das Pony noch dort war.

»Das Pony ist jetzt deine Aufgabe. Du musst es füttern und dich darum kümmern. Auf diese Weise lernst du, Verantwortung zu übernehmen. Ich habe keine Zeit, mich damit zu beschäftigen. Verstanden?« Die Stimme ihres Vaters war streng.

»Das werde ich, Daddy. Vielen Dank für das Pony. Ich verspreche dir, dass ich gut dafür sorgen werde.«

Als sie zu Hause angekommen waren und das Pony sicher in seinem Stall stand, warf Kelly Heu in die Krippe und rannte dann ins Haus.

»Mom, du musst dir unser Pony anschauen! Es war so allein, aber hier wird es glücklich sein.« Kellys Augen strahlten vor Freude. »Ich habe es Trixie getauft, weil ich ihm kleine Tricks und Kunststücke beibringen werde.« Bevor ihre Mutter antworten konnte, war Kelly schon wieder zur Tür hinaus, um nach Trixie zu schauen. Dann stellte Kelly Trixie ihren Engel vor.

Als Kelly noch ein kleines Kind war, wurde sie von einem fürchterlichen Sturm geweckt. Sie rief nach ihrer Mutter, die sie beruhigte, indem sie sagte: »Hab keine Angst. Jesus schickt seine Engel, um kleine Kinder zu beschützen.« Seitdem hatte Kelly zwar nie wirklich ihren Engel gesehen, aber sie fühlte seine Anwesenheit in den Situationen, in denen sie sich vorher verängstigt oder einsam gefühlt hatte.

Kelly bürstete das Fell ihres Ponys und trimmte seine Mähne und seine Hufe. Trixie erwiderte diese Aufmerksamkeit durch das Beschnuppern von Kellys Nacken, sie suchte Kellys Taschen nach Leckerbissen ab und folgte ihrem Kommando. Auf dem Weg vom Haus zur hinteren Weide brachte Kelly ihr bei, wie sie die Riegel der Tore mit ihrer Nase öffnen konnte. Die Tore schwangen auf, und ohne abzusitzen schloss Kelly sie wieder.

Kelly brachte Trixie ein Kunststück bei, das sie im Zirkus gesehen hatte und nun nachahmen wollte. Während sie ritt, stand sie auf und schaffte es schließlich, bei jeder Runde durch einen improvisierten Reifen zu springen. Kelly und Trixie wurden die besten Freunde.

Als Kelly zehn war, ließen sich ihre Eltern scheiden. Kelly und ihr Hund Laddie zogen mit ihrer Mutter auf eine kleine, mehrere Meilen entfernt gelegene Farm. Die Probleme ihrer Eltern machten es Kelly unmöglich, ihren Vater zu sehen, und weil Trixie weiterhin auf der Farm ihres Vaters lebte, ging es Kelly doppelt schlecht.

An dem Tag, als sie die Farm ihres Vaters verließen, ging Kelly langsam auf die Weide und sagte Trixie Auf Wiedersehen. Nie hatte sie die Hilfe ihres Engels mehr gebraucht. »Engel«, schluchzte sie, »bleib bitte bei Trixie, sodass sie nicht allein ist. Ich habe Mom und Laddie, aber Trixie wird ganz allein sein. Sie braucht dich.« Ihre kleinen Arme hatte sie um den Hals des Ponys geschlungen, als sie es beruhigte: »Es wird alles gut werden, Trixie. Mein Engel wird auf dich aufpassen.«

Die Scheidung ihrer Eltern, eine neue Schule, ein anderes Zuhause und der Verlust von Trixie brachten Kellys Leben auf einen Schlag völlig durcheinander. Ihre Mutter machte ihr Mut, sie solle neue Freunde finden.

»Komm, Kelly, fahr mit uns«, drängten sie zwei ihrer Schulkameradinnen auf ihren Fahrrädern von der Straße aus.

Als sie den beiden Mädchen die Straße hinunter folgte, fühlte Kelly den Wind in ihrem Haar und die warme Sonne auf ihrer Haut. Sie brauchte Freunde, erinnerte sie sich selbst, und trat stärker in die Pedale, um die beiden einzuholen.

Während des Sommers radelten Kelly und ihre Freundinnen zum Park und auf dem Weg in der Nähe der Schule. Mit ihren kräftigen Beinen konnte sie es mit allen von ihnen aufnehmen, wenn sie ein Wettrennen fuhren.

Nach einem Wettrennen auf dem Weg bei der Schule radelte Kelly an einem sonnigen Tag mit ihren neuen Freundinnen nach Hause. Sie fuhr holpernd die staubige Straße voller Schlaglöcher entlang, und der harte Sattel ihres Rades grub sich in ihr Fleisch. Sie dachte an ihren weichen Ledersattel und wünschte, sie würde auf Trixie sitzen und über das frische grüne Gras auf der Weide reiten.

Plötzlich brach das Vorderrad ihres Fahrrades aus und geriet in eine Furche. Sie riss den Lenker hart nach links, um den Reifen herauszubekommen, doch es war zu spät. Sie flog über die Lenkstange und machte einen Satz über den Straßenrand in den Graben. Die Mädchen kamen zu ihr gelaufen.

»Ihre Verletzungen sind nicht so schlimm«, informierte der Arzt ihre Mutter, nachdem Kelly nach Hause gehumpelt war, »doch sie sollte sich ein paar Tage ausruhen.«

Obwohl sie zerschunden und zerkratzt war, radelte Kelly nach ein paar Tagen wieder herum. Eines Morgens wachte sie mit einem tauben Gefühl in den Beinen auf. Langsam schob sie ihren Körper an den Rand ihres Bettes; doch als sie versuchte aufzustehen, fiel sie zu Boden.

Der Arzt war durch diese Entwicklung irritiert und untersuchte sie sorgfältig.

»Ihre Verletzungen sind verheilt, aber sie hat ein psychisches Trauma«, sagte er. »Sie braucht Therapie, auch Stretchübungen werden helfen.« Kelly kam in einem Rollstuhl nach Hause.

Als sie auf der Veranda saß, nahm sie Laddie fest in ihre Arme und schaute sehnsüchtig über die Felder.

»Lieber Gott, bitte bring Trixie und meinen Engel zu mir zurück. Ich brauche sie so sehr.«

Eines Tages kam ein Brief von Kellys Vater:

Liebe Kelly,

deine Tante erzählte mir von deinem Unfall. Es tut mir Leid, davon zu hören. Ich habe Vorkehrungen getroffen, damit dein Pony nächste Woche zu dir kommt. Es hat alle Tore geöffnet und mein Vieh von der Weide gelassen. Ich glaube, es hat nach dir gesucht. Vielleicht fühlst du dich besser, wenn es bei dir ist.

Liebe Grüße,
Dad

Nach einigen Tagen kam ein Lastwagen an, und Trixie wurde die Rampe hinuntergeführt. Sie schnupperte an Kellys Nacken und schnaubte in Laddies Richtung. Das Pony machte sich mit seinem neuen Zuhause bekannt. Kelly streichelte Trixies Kopf und Nacken, soweit das aus dem Rollstuhl heraus möglich war, und küsste sie auf die Blesse. »Trixie, Trixie, ich wusste, dass du kommen würdest. Vielen, vielen Dank.«

Kelly wachte am nächsten Morgen mit neuer Entschlossenheit auf. Mit einem Leckerbissen für Trixie rollte sie zum Scheunenhof. Sie griff nach Trixies Mähne, zog sich aus ihrem Rollstuhl hoch und stand neben dem Pony. Dann streckte sie sich, um Trixies Rücken zu erreichen, und bürstete sie so lange, bis ihr Fell glänzte.

Kellys Beine wurden jeden Tag kräftiger. Versessen darauf, zu reiten, kletterte sie auf den Holzzaun und zog sich mühsam auf den Rücken ihres Ponys. Sie fühlte Trixies Fell warm und seidig an ihren nackten Beinen.

»Ich reite! Seht her, ich reite!«, rief Kelly, als Trixies langsamer Gang sie wie eine Stoffpuppe auf und ab federn ließ. »Trab, Trixie!« Kelly grub ihre Hacken in die Flanken des Ponys, und sie trabten durch das Tor auf die offene Weide. Kelly schrie vor Freude auf, und Laddie rannte laut bellend hinter ihnen her.

Als die Schule begann, sprang eine enthusiastische Kelly mit einem fröhlichen Gruß in den Bus. Kein Rollstuhl mehr für sie! Zu Hause hing ein Zirkusposter an der Wand in Kellys Zimmer. Ein lachender Engel war darauf zu sehen. In Kellys dicker, bunter Schrift stand darauf: »Kelly, der fliegende Engel – Shows am Abend und am Wochenende.«

Louise R. Hamm

Mit dem Herzen sehen

> Liebe ist eine Sprache, die die Blinden
> sehen und die Tauben hören.
> DONALD E. WILDMAN

Barkley war drei Jahre alt, als er von einer Familie, die ihn nicht mehr wollte, zu mir kam. Der große Hund, ein Golden Retriever, war in einem schlechten Gesundheitszustand, denn seine Vorbesitzer hatten sich wenig um ihn gekümmert. Nachdem ich ihn körperlich aufgepäppelt und genügend Zeit mit ihm verbracht hatte, um eine Beziehung zwischen uns entstehen zu lassen, stellte ich fest, dass Barkley einen außergewöhnlichen Charakter besaß. Er war intelligent und darauf versessen, anderen zu gefallen. Wir absolvierten also die grundlegenden und die fortgeschrittenen Gehorsamsübungen und besuchten einen Workshop über Sozialtherapie, um all das in Erfahrung zu bringen, was wir wissen mussten, damit Barkley ein Therapiehund mit Zertifikat werden konnte.

Schon nach wenigen Monaten begannen wir mit unseren wöchentlichen Besuchen im Krankenhaus. Anfangs wusste ich nicht, was ich erwarten sollte, aber Barkley und ich hatten Spaß daran, einfach mit der Arbeit anzufangen. Zuerst vergewisserte ich mich, ob ein

Patient oder eine Patientin von Barkley besucht werden wollte, und wenn das der Fall war, ging der Hund an das Bett und wartete so lange, bis die jeweilige Person die Hand nach ihm ausstreckte. Einige nahmen ihn in den Arm und drückten ihn, andere streichelten ihn einfach nur, während er die ganze Zeit mit wedelndem Schwanz und einem Gesichtsausdruck dastand, der an ein breites und fröhliches Grinsen erinnerte. Seine Sanftheit machte ihn ohne Unterschied zum Liebling aller Menschen im Krankenhaus, seien es Mitarbeiter, Patienten oder freiwillige Helfer.

Jede Woche zog ich Barkley etwas anderes an, und für jeden Feiertag hatte er eine eigene Garderobe. An seinem Geburtstag trug er einen Geburtstagshut, am Saint Patrick's Day eine grüne Fliege und zu Halloween ein Zorrokostüm. Zu Weihnachten belustigte er mit der Zipfelmütze von Santa Claus oder mit einem Rentiergeweih. Am meisten gefiel den Leuten jedoch sein Osterkostüm, das aus Hasenohren und einem weißen Hasenschwänzchen bestand, das ich an Barkleys hinterem Ende befestigte. Die Patienten wollten immer wissen, wie der Hund in *dieser* Woche gekleidet war.

Ungefähr ein Jahr, nachdem wir mit unseren Besuchen im Krankenhaus angefangen hatten, bemerkte ich, dass Barkley immer schlechter sehen konnte, denn manchmal stolperte er einfach in irgendetwas hinein.

Der Tierarzt attestierte eine Sehschwäche, die teilweise darauf zurückzuführen sei, dass der Hund in jungen Jahren zu stark vernachlässigt worden war. Im Laufe des Jahres verschlechterte sich sein Zustand, aber Barkley schien sich nichts anmerken zu lassen. Selbst ich war mir nicht im Klaren, wie schlimm es um Barkley bestellt war, bis ich eines Abends mit Barkley außerhalb des gewohnten Hofes spielte. Als ich ihm den Ball zuwarf, hatte er große Schwierigkeiten, ihn zu fangen, Er musste seine Nase zur Hilfe nehmen, um den Ball am Boden zu finden, nachdem er ihn mehrmals mit der Schnauze verfehlt hatte. Am nächsten Tag ging ich mit ihm zum Tierarzt, der eine Operation für unausweichlich hielt. Nachdem Barkley dreimal operiert worden war, um wenigstens einen Teil seines Augenlichts zu retten, wurde er vollkommen blind.

Ich machte mir Sorgen, wie er mit so einer schweren Beeinträchtigung klarkommen würde, aber er gewöhnte sich schnell an seine Blindheit. Es schien, als ob all seine anderen Sinne sich als Ausgleich für den Verlust der Sehkraft verschärft hätten. Schon bald war er wieder auf den Beinen und bestand darauf (indem er am Garagentor stand und die Ausfahrt blockierte!), dass ich ihn mit ins Krankenhaus nahm, damit er seine Freunde besuchen konnte. So nahmen wir erneut zur Freude aller – und besonders zur Freude Barkleys – unsere wöchentlichen Krankenbesuche auf.

Barkley verhielt sich im Krankenhaus so natürlich, dass die Leute kaum glauben konnten, dass er blind war. Er war bereits blind, als mich jemand fragte, ob er ein Blindenhund sei. Ich lachte und meinte, dass Barkley selbst eigentlich einen Blindenführer benötigte.

Er schien eine unheimliche Fähigkeit zu entwickeln, Dinge zu registrieren, die jenseits der sinnlichen Wahrnehmung lagen. Eines Tages kamen wir in ein Krankenzimmer, und Barkley ging zu meiner Überraschung direkt auf die Besucherin zu, die auf einem Stuhl neben dem Bett saß, und berührte ihre Hand mit seiner Nase. Nie zuvor hatte der blinde Hund den ersten Kontakt auf diese Weise hergestellt, und so fragte ich mich, was ihn in diesem Fall wohl dazu bewogen haben könnte. Als ich neben dem Stuhl der Frau stand und sah, wie sie mit Barkley kommunizierte, erkannte ich den Grund für Barkleys Verhalten. Ich habe keine Ahnung, wie er es herausgefunden hatte, aber der völlig blinde Barkley wusste, dass die Frau auf dem Stuhl ebenfalls blind war.

Seltsamerweise schätzten die Patienten Barkleys Anwesenheit sogar noch mehr, seitdem er sein Augenlicht verloren hatte.

Als Barkley einen Preis für über vierhundert Stunden freiwilligen Einsatzes erhielt, meinte jemand zu mir: »Es ist erstaunlich, was so ein blinder Hund alles bewirkt.«

Den Menschen war entgangen, dass Barkley nicht wirklich blind war. Er konnte weiterhin sehen – mit seinem Herzen.

KATHE NEYER

Die weiße Gardenie

Seit ich zwölf geworden war, bekam ich jedes Jahr an meinem Geburtstag eine weiße Gardenie geschickt. Nie lag eine Visitenkarte dabei, nie fanden sich ein paar Zeilen, und Erkundigungen beim Blumenladen führten zu nichts, weil der Auftrag immer bar bezahlt worden war. Nach einer Weile hörte ich auf, Nachforschungen über die Identität des Absenders anzustellen. Ich freute mich einfach an der Schönheit und dem berauschenden Duft dieser so zauberhaften und vollkommenen Blume.

Doch ich hörte nie auf, mir auszumalen, wer der Absender wohl sein könnte, und verbrachte einige meiner glücklichsten Momente mit Tagträumen von einer ganz wunderbaren und aufregenden Person, die aber zu schüchtern oder zu exzentrisch war, um ihre Identität zu enthüllen. Als Teenager vergnügte ich mich mit der Vorstellung, dass dieser Jemand ein in mich verliebter Junge oder auch ein mir gänzlich unbekannter Mensch war, dem ich einfach aufgefallen war.

Meine Mutter beteiligte sich oft an meinen Spekulationen. Sie fragte, ob es jemanden gäbe, dem ich eine besondere Freundlichkeit erwiesen hätte und der sich auf diese anonyme Weise dankbar zeigen wollte. Sie erinnerte mich an die Zeiten, in denen ich unsere Nachbarin unterstützte, wenn sie mit ihrem mit Kindern und Lebensmitteln voll geladenen Auto angefahren kam. Ich half ihr immer ausladen und passte auf, dass die Kleinen nicht auf die Straße liefen. Oder vielleicht war der rätselhafte Absender der alte Mann von gegenüber? Ich holte im Winter oft die Post für ihn, damit er sich nicht die eisglatten Treppenstufen hinuntertasten musste, die zu seiner Haustür führten.

Meine Mutter tat ihr Bestes, um hinsichtlich der Gardenie meine Phantasie anzuregen. Sie wollte, dass ihre Kinder kreativ waren. Und sie wollte auch, dass wir uns nicht nur von ihr, sondern von der Welt ganz allgemein geschätzt und geliebt fühlten.

Als ich siebzehn war, brach mir ein Junge das Herz. An dem Abend, als er mich zum letzten Mal anrief, weinte ich mich in den Schlaf. Als ich am Morgen aufwachte, stand da mit rotem Lippenstift eine Botschaft an meinen Spiegel geschrieben: »Wisse, wenn Halbgötter gehen, kommen die Götter herbei.« Über dieses Zitat von Emerson dachte ich lange Zeit nach, und ich ließ es da stehen, wo meine Mutter es hingeschrieben hatte, bis mein Herz geheilt war. Als ich dann schließlich die Flasche mit dem Glasreiniger holte, wusste sie, dass wieder alles in Ordnung war.

Doch es gab einige Wunden, die sie nicht zu heilen vermochte. Einen Monat vor meinem High-School-Abschluss starb mein Vater ganz plötzlich an einem Herzinfarkt. Meine Gefühle reichten vom einfachen, tiefen Kummer über Verlassenheit, Angst und Unsicherheit bis hin zu einem überwältigenden Zorn, dass mein Dad nun einige der wichtigsten Ereignisse in meinem Leben verpassen würde. Ich verlor jegliches Interesse an meiner bevorstehenden Abschlussfeier, der Theateraufführung unserer Abschlussklasse und dem Abschlussball – Dinge, für die ich gearbeitet und auf die ich mich gefreut hatte. Ich dachte sogar daran, zu Hause zu bleiben und in meiner Heimatstadt aufs College zu gehen, statt das Elternhaus zu verlassen, wie ich es ursprünglich geplant hatte. Es fühlte sich sicherer an.

Meine Mutter wollte bei all ihrem eigenen Kummer nichts davon hören, dass ich irgendetwas sausen ließ. Am Tag vor dem Tod meines Vaters waren wir einkaufen gegangen, um ein Ballkleid für mich zu suchen, und wir hatten auch ein sensationelles Kleid gefunden – Meter um Meter in rot, weiß und blau getüpfeltem Musselin, Ich fühlte mich darin wie Scarlett O'Hara. Doch die Größe stimmte nicht, und als mein Vater am nächsten Tag starb, vergaß ich die Sache.

Meine Mutter vergaß sie nicht. Am Tag vor dem Abschlussball wartete das Kleid auf mich – in der richtigen Größe. Da lag es majestätisch über das Wohnzimmersofa gebreitet, künstlerisch und liebevoll drapiert. Mir hätte vielleicht nichts an diesem neuen Kleid gelegen, meiner Mutter aber lag daran.

Sie kümmerte sich um das Selbstbewusstsein ihrer Kinder. Sie weckte in uns den Sinn für den Zauber in dieser Welt und vermittelte uns die Fähigkeit, sogar noch im Angesicht des Unglücks Schönheit zu erkennen.

In Wahrheit wollte sie, dass wir Kinder uns selbst so wie diese Gardenie sahen – schön, stark, vollkommen, mit einer Aura von Magie und vielleicht auch ein bisschen Geheimnis umgeben.

Meine Mutter starb, als ich zweiundzwanzig war, nur zehn Tage nach meiner Hochzeit. Ab diesem Jahr kamen keine Gardenien mehr.

MARSHA ARONS

Becky und der Wolf

> Er ist kein wilder Hund mehr,
> sondern unser bester Freund für
> immer und immer und immer.
> Rudyard Kipling

Seit ihre älteren Geschwister zur Schule gingen, wurde die Ranch für unsere dreijährige Tochter Becky zu einem einsamen Ort. Sie sehnte sich nach Spielkameraden. Kühe und Pferde waren zum Kuscheln zu groß, und die landwirtschaftlichen Geräte und Maschinen waren für ihr Alter zu gefährlich. Wir versprachen, ihr einen Welpen zu kaufen, und in der Zwischenzeit erfand sie fast täglich kleine Hunde.

Ich hatte gerade das Geschirr gespült, als die Tür mit dem Fliegengitter schepperte und Becky hereingestürmt kam, ihre Wangen rot vor Aufregung. »Mama!«, rief sie, »komm mit und schau dir meinen neuen Hund an! Ich habe ihm schon zweimal Wasser gebracht. Er hat so viel Durst!«

Ich seufzte. Wieder einer von Beckys Hunden aus dem Reich der Phantasie.

»Bitte komm mit, Mama!« Sie zerrte an meinem Hosenbein, und ihre braunen Augen sahen mich flehend an. »Er weint und kann nicht laufen!«

»Kann nicht laufen«? Das war eine neue Version. Bislang konnten ihre erfundenen Vierbeiner die wunderbarsten Dinge tun. Einer balancierte einen Ball auf der Nasenspitze, und ein anderer buddelte ein Loch durch die ganze Erde und fiel auf der anderen Seite auf einen Stern. Wieder ein anderer tanzte auf einem Seil. Warum jetzt ein Hund, der nicht laufen konnte?

»Nun gut, Liebling«, sagte ich. Als ich ihr folgen wollte, war Becky bereits zwischen den Büschen verschwunden. »Wo bist du?«, rief ich. »Hier drüben, beim Stumpf der alten Eiche. Beeil dich, Mama!« Ich schob die dornigen Äste aus dem Weg und hielt meine Hand vor die Augen als Schutz vor der grellen Arizonasonne. Mein Herzschlag stockte: Da war sie. Becky hockte auf ihren Fersen, die Zehen tief im Sand vergraben, und auf ihrem Schoß lag unzweifelhaft der Kopf eines Wolfes! Hinter seinem Kopf erhoben sich große schwarze Schultern. Der übrige Körper des Tieres lag vollständig verborgen in dem hohlen Stumpf einer umgestürzten Eiche.

»Becky!« Mein Mund wurde plötzlich trocken. »Beweg dich nicht!« Ich ging näher heran und wurde von blassgelben Augen fixiert. Schwarze Lefzen spannten sich an, und dahinter kamen zwei mächtige Zahnreihen zum Vorschein. Plötzlich begann der Wolf zu zittern. Seine Zähne klapperten, und ein Mitleid erregendes Jaulen entwich seiner Kehle.

»Alles in Ordnung«, beruhigte ihn Becky. »Hab keine Angst! Das ist meine Mutter, und sie hat dich genauso lieb wie ich.« Dann geschah das Unglaubliche: Als ihre zierlichen Hände den großen, struppigen Kopf streichelten, hörte ich, wie der Schwanz des Wolfes tief hinten im Baumstumpf ausschlug.

»Was mag dem Tier wohl fehlen?«, fragte ich mich. »Warum kann es nicht aufstehen?« Ich wusste es nicht, wagte aber auch nicht, näher heranzukommen.

Ich betrachtete die leere Wasserschale und erinnerte mich an die fünf Stinktiere, die erst letzte Woche – bei dem verzweifelten Versuch, im Endstadium der Tollwut an Wasser zu kommen – die Sackleinentücher von einer undichten Leitung gerissen hatten. Natürlich! Tollwut! Überall waren Warnschilder aufgestellt, und hatte Becky nicht gesagt, er habe so viel Durst?

Ich musste Becky da rausholen. »Liebling.« Meine Kehle schnürte sich zu. »Leg seinen Kopf auf den Boden, und komm zu Mama. Wir holen Hilfe.«

Zögernd erhob sich Becky und küsste den Wolf auf die Nase, bevor sie langsam in meine ausgestreckten Arme kam. Traurige Blicke aus gelben Augen folgten ihr. Dann sank der Kopf des Wolfs zu Boden.

Becky war sicher in meinen Armen. Ich lief zu den Scheunen, wo Brian, einer unserer Hilfscowboys, gerade in den Sattel stieg, um die Jungkühe auf der Nordweide zu überprüfen. »Brian, komm schnell! Becky hat einen Wolf in der Eiche nahe der Wasserstelle entdeckt. Ich glaube, er hat Tollwut!«

»Bin sofort da«, sagte er, während ich zum Haus ging, um Becky zum Mittagsschlaf hinzulegen. Ich wollte nicht, dass sie Brian aus seiner Unterkunft kommen sah, denn ich wusste, dass er dort sein Gewehr holte.

»Aber ich will meinem Hund noch Wasser geben«, weinte Becky. Ich küsste sie und gab ihr ein paar Stofftiere zum Spielen. »Liebling, Mam und Brian werden sich jetzt um ihn kümmern«, beruhigte ich sie.

Es dauerte nicht lange, und ich war wieder am Baumstumpf. Brian stand da und schaute hinunter auf das Tier. »Es ist ein mexikanischer Lobo«, meinte er, »und zwar ein ziemlich großer!« Der Wolf jaulte. Der Geruch von Wundbrand zog uns in die Nase. »Es ist nicht Tollwut«, sagte Brian. »Aber er ist sehr schwer verletzt. Meinst du nicht auch, dass es das Beste wäre, ihn von seinem Elend zu erlösen?«

Das Wort »Ja« lag mir auf den Lippen, als Becky aus den Büschen auftauchte. »Macht Brian ihn wieder gesund, Mama?« Wieder hob sie den Kopf des Tieres auf ihren Schoß und vergrub ihr Gesicht in seinem schwarzen, struppigen Fell. Dieses Mal war ich nicht die Einzige, die hörte, wie der Lobo mit dem Schwanz wedelte.

Am Nachmittag sahen sich mein Mann Bill und unser Tierarzt den Wolf an. Als der Arzt spürte, welch großes Vertrauen das Tier in unser Kind setzte, sagte er zu mir: »Becky und ich werden ihn schon wieder auf die Beine bringen.« Das Kind und der Veterinär beruhigten das verwundete Tier, und schließlich gab der Arzt ihm eine Spritze. Die gelben Augen schlossen sich. »Er schläft jetzt«, sagte der Tierarzt. »Fass mal mit an, Bill.« Gemeinsam zogen sie den wuchtigen Körper aus dem Baumstumpf. Das Tier musste anderthalb Meter lang sein und wog bestimmt über hundert Pfund. Hüfte und Bein waren von Kugeln arg in Mitleidenschaft gezogen. Der Doktor tat, was er konnte, um die Wunde zu säubern, und gab dem Patienten hinterher eine ordentliche Dosis Penicillin. Am nächsten Tag kam er wieder und legte dem Wolf eine Metallschiene an, um den verletzten Knochen zu stützen.

»Nun, es sieht so aus, als hättet ihr jetzt einen mexikanischen Lobo«, sagte der Doktor. »Er wird wohl drei Jahre alt sein, und selbst als Welpen sind die Lobos nicht leicht zu zähmen. Ich bin erstaunt, wie dieser große Bursche Kontakt zu deinem kleinen Mädchen gefunden hat. Aber oft gibt es etwas zwischen Kindern und Tieren, das wir Erwachsenen nicht verstehen.«

Becky gab dem Wolf den Namen Ralph und brachte ihm jeden Tag Futter und Wasser. Ralphs Genesung war nicht einfach. Drei Monate lang schleppte er sein verletztes Hinterteil nur mühsam vorwärts, indem er sich mit den Vorderpfoten in die Erde krallte. Wir sahen, wie seine Augenlider sich leicht schlossen, wenn wir seine verkümmerten Glieder massierten, und wussten, dass er große Schmerzen hatte. Trotzdem hat er nie nach den Menschen geschnappt, die sich um ihn kümmerten.

Auf den Tag genau vier Monate, nachdem wir ihn gefunden hatten, konnte Ralph schließlich wieder ohne fremde Hilfe stehen. Seine riesige Gestalt wankte, als er die Muskeln zum ersten Mal benutzte, die so lange Zeit außer Gebrauch gewesen waren. Bill und ich tätschelten und lobten ihn. Er aber wandte sich immer an Becky, um von ihr Zuspruch, einen Kuss oder ein Lächeln zu erhalten. Er antwortete auf ihre Gesten der Liebe, indem er seinen buschigen Schwanz wie ein Pendel hin und her schwang.

Ralph kam wieder zu Kräften und folgte Becky in jeden Winkel der Ranch. Zusammen durchstreiften sie die verlassenen Weiden, und das Kind mit den goldenen Haaren beugte sich oft nach unten, um flüsternd Geheimnisse über die Wunder der Natur mit dem großen, lahmen Wolf auszutauschen. Wenn der Abend hereinbrach, kehrte er wie ein lautloser Schatten zum hohlen Baumstumpf zurück, der zu seinem Lieblingsplatz geworden war. Obwohl dieses scheue Geschöpf die meiste Zeit im Unterholz verbrachte, wuchs es allen durch seine liebenswerte Art immer mehr ans Herz.

Seine Reaktion auf Menschen, die nicht zu unserer Familie gehörten, ist allerdings eine andere Geschichte.

Fremde machten ihm Angst, aber seine Zuneigung zu Becky und ihre Fürsorge ließen ihn immer wieder zurückkommen, wenn er vor irgendeinem unbekannten Pick-up oder Auto davongelaufen war. Ab und zu kam er näher heran, mit angespannten Lefzen, einem scheinbar nervösen Lächeln und klappernden Zähnen. Meistens jedoch lief er einfach nur umher, bis er sich schließlich wieder zu seinem Baumstumpf schlich, vielleicht um sich seine eigenen Gedanken zu machen.

Beckys erster Schultag war ein trauriger Tag für Ralph. Nachdem der Bus davongefahren war, weigerte er sich, zum Hof zurückzukommen. Er legte sich stattdessen an den Straßenrand und wartete. Als Becky zurückkam, humpelte und taumelte er in wilden, freudigen Kreisen um sie herum. Dieses Willkommensritual begleitete sie ihre ganze Schulzeit hindurch.

Obwohl es Ralph auf der Ranch gut zu gehen schien, verschwand er im Frühling zur Paarungszeit für mehrere Wochen in die umliegenden Wüsten und Berge. Wir machten uns dann große Sorgen um seine Sicherheit, weil es die Zeit war, in der die Jungtiere zur Welt kamen und die anderen Rancher nach Kojoten, Pumas, Wildhunden und natürlich auch nach einsamen Wölfen Ausschau hielten. Aber Ralph hatte Glück.

Während der zwölf Jahre, die Ralph auf unserer Ranch lebte, veränderte er seine Gewohnheiten nicht. Er blieb immer auf Distanz und tolerierte andere Haustiere. Er ertrug die Aktivitäten unserer geschäftigen Familie, und seine Liebe für Becky blieb so wie am ersten Tag. Schließlich kam der Frühling, in dem unser Nachbar uns erzählte, dass er eine Wölfin erschossen und ihren Gefährten verletzt habe. Wenig später kehrte Ralph wieder mit einer Schusswunde nach Hause zurück.

Becky, inzwischen fast fünfzehn Jahre alt, saß da mit Ralphs Kopf auf ihrem Schoß. Er musste jetzt auch so ungefähr fünfzehn Jahre alt sein und war grau geworden. Während Bill die Kugel entfernte, wanderte meine Erinnerung durch die Jahre zurück. Noch einmal sah ich ein pummeliges dreijähriges Mädchen den Kopf eines großen schwarzen Wolfs streicheln. Ich hörte eine Kinderstimme flüstern: »Alles in Ordnung, hab keine Angst! Das ist meine Mama, und sie hat dich genauso lieb wie ich.«

Obwohl die Verletzung nicht ernsthaft war, wurde Ralph diesmal nicht wieder gesund. Er verlor wertvolle Pfunde, und sein prächtiges Fell wurde stumpf und trocken. Er kam immer seltener auf den Hof, um Beckys Nähe zu suchen. Stattdessen lag er oft den ganzen Tag und ruhte sich aus.

Bei Einbruch der Nacht verschwand er, alt und steif wie er war, in die Wüste und die umliegenden Berge. Bei Tagesanbruch war sein Fressnapf leer.

Der Morgen kam, an dem wir ihn tot auffanden. Seine gelben Augen waren geschlossen. Er lag ausgestreckt vor dem Eichenstumpf und schien nur noch der Schatten des stolzen Tieres zu sein, das er einst gewesen war. Es schnürte mir die Kehle zu, als ich sah, wie Becky Tränen übers Gesicht liefen, als sie seinen struppigen Kopf streichelte. »Ich werde ihn so vermissen«, schluchzte sie.

Als ich eine Decke über ihn legte, erschreckte uns ein seltsames Rascheln im Innern des Baumstumpfs. Becky wollte herausfinden, woher das Rascheln kam, und schaute in den Stumpf. Zwei kleine gelbe Augen starrten ihr entgegen, und kleine Zähne schimmerten im Halbdunkel. Es war Ralphs Welpe!

Hatte ihm sein Instinkt, bevor er starb, eingegeben, dass ein mutterloser Nachwuchs hier genauso sicher war, wie er es einst selbst gewesen ist bei denen, die ihn liebten? Heiße Tränen fielen auf das weiche Welpenfell, als Becky das zitternde Bündel in ihre Arme nahm. »Alles in Ordnung, kleiner ... Ralphie«, flüsterte sie. »Hab keine Angst! Das ist meine Mama, und sie hat dich genauso lieb wie ich.«

PENNY PORTER

Visionen und Erfolge

Humor ist der größte Segen der Menschheit.

MARK TWAIN

Man kann den Menschen nichts beibringen.
Man kann ihnen nur helfen,
es in sich zu entdecken.

GALILEO

Nur zwanzig Minuten

> Die Gegenwart hat einen Vorteil gegenüber allen anderen Zeiten – sie ist deine eigene.
> CHARLES C. COLTON

Er war der Geschäftsführer einer großen Werbefirma, und ich war ein junger Unternehmensberater. Ich war ihm von einem seiner Mitarbeiter empfohlen worden, der meine Arbeit kannte und der Ansicht war, dass ich etwas anzubieten hätte. Ich war nervös. Zu diesem Zeitpunkt meines beruflichen Werdegangs kam es nicht oft vor, dass ich mit der Geschäftsführung persönlich sprach.

Der Termin war für zehn Uhr angesetzt und sollte eine Stunde dauern. Ich war schon früher da. Punkt zehn wurde ich in einen großen, luftigen Raum mit leuchtend gelber Polstergarnitur gebeten.

Er hatte die Ärmel hochgekrempelt und blickte mich unfreundlich an.

»Sie haben nur zwanzig Minuten«, kläffte er mich an.

Ich saß da, ohne ein Wort zu sagen.

»Ich sagte, Sie haben nur zwanzig Minuten.«

Erneut keine Reaktion.

»Ihre Zeit läuft Ihnen davon. Warum sagen Sie nichts?«

»Es sind meine zwanzig Minuten«, antwortete ich, »ich kann mit ihnen machen, was ich will.«

Er brach in lautes Gelächter aus.

Danach unterhielten wir uns anderthalb Stunden lang, und ich bekam den Auftrag.

MARTIN RUTTE

An meinem Traum festhalten

Die ganze Sommersaison über hatten wir auf die Kreismeisterschaften in der Leichtathletik hingearbeitet. Jetzt war der Tag gekommen, und ich bereitete mich gerade auf den 3000-Meter-Lauf vor. Mein Fuß war immer noch nicht ganz ausgeheilt, sodass ich lange nicht wusste, ob ich überhaupt an dem Laufwettbewerb teilnehmen konnte.

»Achtung … fertig …« Die Startpistole feuerte, und wir liefen los. Die anderen Mädchen schossen auf und davon. Ich bemerkte, dass ich humpelte, und fühlte mich gedemütigt, als ich immer weiter zurückfiel.

Die Siegerin hatte mich zweimal überrundet, als sie die Ziellinie überquerte. »Hurra!«, schrie die Menge. Es war der lauteste Beifall, den ich jemals auf einer Meisterschaft gehört hatte.

»Vielleicht sollte ich aufgeben«, dachte ich, während ich weiterhumpelte. »Die Leute wollen bestimmt nicht warten, bis ich den Lauf beendet habe.« Dennoch lief ich aus irgendeinem Grund weiter. Die letzten beiden Runden waren sehr schmerzhaft, und ich beschloss, im nächsten Jahr nicht an dem Laufwettbewerb teilzunehmen. Ich hatte keine Chance, auch wenn mein Fuß wieder in Ordnung war. Die Läuferin, die mich zweimal überrundet hatte, war einfach zu schnell.

Als ich im Ziel angekommen war, hörte ich Beifall. Er war genauso enthusiastisch wie der Beifall, den die Siegerin erhalten hatte. »Was geht hier vor?«, fragte ich mich. Ich drehte mich um und war mir sicher, dass der Beifall den Jungen galt, die sich gerade für ihren Lauf fertig machten. »Das wird es sein. Sie klatschen für die Jungen.«

Ich wollte gerade unter die Dusche gehen, als, ein Mädchen im Gang mit mir zusammenstieß. »Du bist ja mutig!«, sagte sie zu mir.

Mutig? Sie muss mich mit jemandem verwechseln, ich bin gerade Letzte geworden, dachte ich.

»Ich wäre niemals in der Lage gewesen, die dreitausend Meter durchzuhalten. Ich hätte schon nach der ersten Runde aufgegeben. Was ist mit deinem Fuß los? Hast du gehört, wie wir dir zugejubelt haben?«

Ich konnte es kaum glauben. Menschen, die mich gar nicht kannten, hatten mir zugejubelt. Und zwar nicht, weil ich gewonnen, sondern weil ich nicht aufgegeben hatte. Plötzlich hatte ich wieder Hoffnung. Ich fasste den Entschluss, im nächsten Jahr doch wieder am Laufwettbewerb teilzunehmen. Dieses Mädchen hatte meinen Traum gerettet.

An diesem Tag lernte ich zwei Dinge.

Erstens, es kann große Wirkung haben, wenn man freundlich zu jemandem ist und ihm etwas zutraut.

Und zweitens, Stärke und Mut lassen sich nicht immer an Siegen und Medaillen ablesen. Stärke und Mut zeigen sich darin, dass wir Schwierigkeiten und Hindernisse überwinden. Die stärksten Menschen sind nicht immer die, die gewinnen, sondern die, die nicht aufgeben, wenn sie verlieren.

Ich träume davon, eines Tages – vielleicht als Schülerin der Abschlussklasse – einen Lauf zu gewinnen und dafür ebenso starken Beifall zu erhalten wie damals, als ich das Rennen als Grundstufenschülerin verlor.

ASHLEY HODGESON

Glauben

> Glauben heißt, auf das zu vertrauen, was wir nicht sehen; und der Lohn des Glaubens ist zu sehen, worauf wir vertrauen.
>
> AUGUSTINUS

Die Felder waren von der anhaltenden Trockenheit verdorrt und braun, und das Korn lechzte nach Wasser. Ungeduldig und gereizt war die Stimmung unter den Menschen, die Mal um Mal den Himmel nach Anzeichen für einen bevorstehenden Wetterwechsel absuchten. Aus Tagen wurden endlose, staubige Wochen. Kein Tropfen Regen fiel.

Die Priester der Kirchen im Ort riefen alle Bewohner für den bevorstehenden Samstag zu einem Gebet auf dem Stadtplatz zusammen. Zur Inspiration solle jeder irgendeinen Gegenstand als Symbol für seinen Glauben mitbringen.

Zur vereinbarten Zeit hatte sich tatsächlich ein Großaufgebot von Menschen dort eingefunden. Sie standen da, mit Sorgenfalten auf der Stirn und Hoffnung im Herzen. Und die Geistlichen sahen gerührt mit an, wie sie die mitgebrachten Dinge – Bibeln, Kreuze, Rosenkränze – fest in ihren betenden Händen hielten.

Und siehe da: Kaum war die einstündige Messe beendet, setzte wie von Zauberhand ein sanfter Nieselregen ein. Ein allgemeiner Jubel brach los, und voll Lob und Dankbarkeit hielten die Versammelten ihre Glaubenssymbole in die Höhe. Eines davon hob sich von der Masse ab, mitgebracht hatte es ein neunjähriges Mädchen: Es war ein Regenschirm.

LAVERNE W. HALL

Therapeutisches Reiten

Eines Morgens lag ich im Bett und beobachtete die Spatzen im Vogelhäuschen vor dem Fenster, wie sie immer wieder angeflogen kamen, pickten und davonflogen. Da ich Multiple Sklerose hatte, eine Krankheit, die die Muskelkontrolle zerstört, konnte ich kaum meinen Kopf anheben. *Ich wünschte, ich könnte mit euch in die Luft fliegen*, dachte ich traurig. Mit neununddreißig Jahren hatte ich das Gefühl, der freudvolle Teil meines Lebens sei nun vorbei.

Ich war immer gern draußen im Freien gewesen. Wir lebten in Colorado Springs, und mein Mann Dan und ich liebten es, lange Spaziergänge von unserem Haus aus in die nähere Umgebung zu unternehmen. Aber als ich Mitte zwanzig war, fingen oft nach unseren Wanderungen meine Gelenke an zu schmerzen. Anfangs dachte ich, es handele sich lediglich um Muskelkater.

Nachdem wir die elfjährige Jenny und die dreizehnjährige Becky adoptiert hatten, erfüllte mich die Mutterschaft mit neuem Leben. Aber so sehr ich mich auch bemühte, die beste Mutter von allen zu sein, nach meiner täglichen Arbeit als Entspannungstherapeutin hatte ich keine Kraft mehr und musste mich fast ständig aufs Sofa legen. Ich war zu müde, um den Mädchen bei der Hausarbeit zu helfen, und dachte, dass es zu anstrengend für mich sei, gleichzeitig Mutter und Berufstätige zu sein.

Dann kam der Morgen, an dem ich vergeblich versuchte, den Kaffeebecher in die Hand zu nehmen: Mein Arm war taub! *Was geht hier vor?*, dachte ich im Alarmzustand. Einer der Ärzte, die ich aufsuchte, verschrieb mir schmerzstillende Mittel gegen Schleimbeutelentzündungen; ein anderer diagnostizierte entzündete Sehnen.

Eines Tages ging ich gerade mit meinen Töchtern spazieren, als meine Beine versagten. »Mama, was ist los mit dir?«, fragte Becky, die inzwischen siebzehn war, bestürzt. »Ich muss wirklich schrecklich müde sein«, witzelte ich, denn ich wollte die Mädchen nicht beunruhigen. Dennoch machte ich mir jetzt große Sorgen um meinen Gesundheitszustand. Auf Dans Drängen hin suchte ich einen Neurologen auf.

»Sie haben Multiple Sklerose«, sagte er mir, ohne um den heißen Brei herumzureden.

Mir schoss sofort eine Schlagzeile in den Kopf, die ich irgendwann einmal gelesen hatte: MS verkrüppelt junge Erwachsene. »*O nein, bitte nicht!*« Eine große Angst überfiel mich. Mit Tränen in den Augen fragte ich: »Wie schlimm wird es werden?«

»Das können wir nicht mit letzter Gewissheit sagen«, meinte der Neurologe. »Aber irgendwann kann es sein, dass sie im Rollstuhl sitzen.«

Wie werde ich nur für mich und meine Familie sorgen können? Diese angstvolle Frage spukte mir die nächsten Wochen und Monate im Kopf herum. Im Laufe der Zeit konnte ich nur noch gehen, indem ich ein Knie durchdrückte und das steife Bein mithilfe der Hüftmuskulatur nach vorn drehte. Dann gab es Zeiten, in denen ich meine Beine nicht mehr fühlte und keine Kontrolle über sie hatte. Ich konnte meine Hände kaum noch bewegen, bis mir schließlich sogar die einzelnen Finger ihren Dienst versagten.

»Es ist schon in Ordnung, Mama, wir können dir im Haus helfen«, sagten die Mädchen und taten es auch.

Aber *ich* wollte mich doch um *sie* kümmern. Stattdessen konnte ich mich am Morgen nur mühsam selbst anziehen und ein bisschen Geschirr waschen, bis ich wieder erschöpft ins Bett fiel.

An dem Morgen, als ich die Vögel beobachtete und mir wünschte, wie sie davonfliegen zu können, war mir ganz schwer ums Herz. Ich hatte immer weniger Hoffnung, dass sich mein Gesundheitszustand jemals verbessern würde.

Da kam Dan mit strahlenden Augen ins Zimmer. »Liebling«, sagte er, »ich habe etwas Erstaunliches im Radio gehört.« Ein Gestüt in der Nähe bot therapeutisches Reiten an. Die Technik, über die berichtet wurde, würde bei vielen schmerzhaften Krankheiten helfen, auch bei MS. »Du solltest es mal versuchen«, sagte er.

Reiten als Therapie? Das klang wenig glaubhaft. Dennoch erschien die Möglichkeit irgendwie verlockend, denn ich hatte Reiten als Kind in Iowa immer sehr geliebt. *Und wenn es mich auch nur aus dem Bett herausbringt, lohnt es sich schon.*

»Ich werde bestimmt runterfallen«, spaßte ich einige Tage später, als Dan mir half, auf Krücken zum Pferdestall zu gehen. Ich kam nicht allein aufs Pferd, aber als ich die Zügel ergriff und meine Kreise in der Reitbahn zog, entspannte sich mein Körper.

»Es fühlt sich großartig an«, triumphierte ich. Als meine Reitstunde vorüber war, konnte ich es gar nicht abwarten, erneut auf dem Rücken eines Pferdes zu sitzen.

Jedes Mal, wenn ich im Sattel saß und ritt, fühlten sich meine Hüften und Schultern lockerer und entspannter an. Ich merkte, dass irgendetwas mit mir geschah. Zu Hause fühlte ich mich nicht mehr ohne Hoffnung. Glücklich stellte ich fest, dass ich auch nicht mehr die ganze Zeit über müde war.

Eines Nachmittags bat ich die Leute im Reitstall, mich ohne Sattel reiten zu lassen, genauso wie ich es als Kind getan hatte. Als ich über die Wiesen galoppierte und der Wind meine Haare nach hinten warf, dachte ich: *Das erste Mal seit Jahren fühlst du dich frei.*

Als mir Dan hinterher vom Pferd half, hatte sich irgendetwas verändert.

»Ich kann meine Beine wieder spüren«, sagte ich nach Atem ringend zu Dan. Dan sah erstaunt zu, wie ich ein Bein anhob und dann vorsichtig wieder auf den Boden stellte.

Es hatte dreißig Minuten gedauert, bis ich auf den Krücken vom Auto bis zum Stall gelaufen war. Der Weg zurück dauerte weniger als drei Minuten – und Dan trug die Krücken!

»Du hast es geschafft!«, jubelte er. Freudentränen standen mir in den Augen.

Bald darauf kamen meine Töchter vom College zu Besuch nach Hause. Ich ging auf sie zu und umarmte sie.

»Mama, schau dich an!«, rief Becky und weinte vor Freude. Mein Herz floss über, als ich erzählte, dass mich die Pferde geheilt hätten. Meine Ärzte können sich die Wirkung des therapeutischen Reitens nicht erklären. Ich weiß nur, dass es einfach funktioniert.

Heute bin ich fast symptomfrei, wenn ich wenigstens dreimal die Woche reite. Jeden Morgen ziehe ich mich warm an und unternehme zügigen Schrittes einen langen Spaziergang. Ich atme die frische Bergluft der vertrauten Umgebung und fühle, wie mich eine große Freude durchdringt. Ich bin so dankbar, dass mir Gott mein Leben zurückgegeben hat.

Sherri Perkins
Aufgeschrieben von Bill Holton
Aus: Woman's World Magazine

Eine Lady namens Lill

> Freundliche Worte können kurz sein und sind leicht zu sprechen, aber ihr Echo ist wahrhaft grenzenlos.
> MUTTER TERESA

Lillian war ein junges Mädchen französisch-kanadischer Abstammung, das in der bäuerlichen Umgebung von River Canard in Ontario aufwuchs. Als sie sechzehn Jahre alt war, meinte ihr Vater, Lill habe lange genug die Schule besucht. Sie wurde gezwungen, die Schule zu verlassen, um aktiv zum Familieneinkommen beizutragen. Es war das Jahr 1922, und mit Englisch als Zweitsprache, einer abgebrochenen Schulbildung und begrenzten Fähigkeiten sah die Zukunft für Lill nicht gerade rosig aus.

Ihr Vater Eugene Bezaire war streng und unnachgiebig. Er akzeptierte niemals ein Nein als Antwort und ließ keine Entschuldigung gelten. Nun forderte er Lill auf, eine Arbeit zu finden. Seine Tochter aber hatte nur wenig Selbstvertrauen und ein geringes Selbstwertgefühl. Außerdem wusste sie nicht, was sie tun könnte.

Weil ihr Vater es so wollte, fuhr Lill jeden Tag mit dem Bus in die großen Städte Windsor oder Detroit. Sie hatte jedoch nicht den Mut, auf Schilder mit der Aufschrift »Arbeitskraft gesucht« zu reagieren und sich vorzustellen. Sie war noch nicht einmal in der Lage, an eine Tür zu klopfen. Jeden Tag fuhr sie einfach nur in die Stadt, lief ziellos umher und kehrte bei Einbruch der Dämmerung nach Hause zurück. Ihr Vater fragte dann immer: »Hast du heute Glück gehabt?«

»Nein ... heute hatte ich wieder kein Glück«, antwortete Lill jedes Mal kleinlaut.

Als die Tage verstrichen, fuhr Lill immer noch mit dem Bus, und ihr Vater fragte sie weiterhin, was ihre Arbeitssuche mache. Die Fragen wurden immer fordernder, und Lill wusste, dass sie bald an eine Tür würde klopfen müssen.

Auf einer ihrer Fahrten sah sie ein Schild der Carhartt Overall Company in der Innenstadt von Detroit. *Hilfskräfte gesucht*, stand auf dem Schild, *Bitte im Sekretariat melden*.

Sie stieg die lange Treppe zu den Büros der Carhartt Company empor. Ganz vorsichtig klopfte Lill an die allererste Tür. Margaret Costello, die Bürovorsteherin, empfing sie. In gebrochenem Englisch erzählte ihr Lill, dass sie an einer Stelle im Sekretariat interessiert sei, wobei sie behauptete, sie sei schon neunzehn. Margaret spürte, dass irgendetwas nicht stimmte, entschloss sich aber, dem Mädchen eine Chance zu geben.

Sie führte Lill durch das alte Geschäftsbüro der Carhartt Company. In langen Reihen saßen viele Menschen an unzähligen Schreib- und Rechenmaschinen, und Lill fühlte sich, als ob sie hundert Augenpaare anstarrten. Mit gesenktem Kopf und die Augen auf den Fußboden gerichtet, folgte das Bauernmädchen Margaret bis ans hintere Ende des düsteren Raumes. Margaret ließ Lill an einer Schreibmaschine Platz nehmen und sagte: »So, Lill, nun zeig uns doch mal, was du alles kannst.«

Sie wies Lill an, einen Brief zu tippen, und verschwand. Lill schaute auf die Uhr. Es war zwanzig Minuten vor zwölf. Um zwölf Uhr würden alle zum Mittagessen gehen. Sie nahm sich vor, dann in der Menge zu verschwinden. Aber sie wusste, dass sie zumindest versuchen sollte, den Brief zu schreiben.

Beim ersten Versuch schaffte sie eine Zeile, die aus fünf Wörtern bestand, und sie machte dabei vier Fehler. Sie zog das Papier aus der Rolle und schmiss es weg. Die Uhr zeigte nun Viertel vor zwölf. »Um zwölf Uhr«, sagte sie zu sich selbst, »werde ich mit der Menge verschwinden, und niemand wird mich hier wieder sehen.«

Bei ihrem zweiten Versuch schaffte Lill einen ganzen Absatz, machte aber immer noch viele Fehler. Erneut riss sie das Papier aus der Maschine, warf es weg und fing von vorn an. Diesmal schaffte sie den ganzen Brief, aber er war immer noch voller Fehler. Sie schaute auf die Uhr – noch fünf Minuten, und sie war wieder frei.

Genau in diesem Moment ging die Tür auf, und Margaret kam herein. Sie ging direkt hinüber zu Lill, legte eine Hand auf den Schreibtisch und die andere auf Lills Schulter. Sie las den Brief und hielt inne. Dann sagte sie: »Lill, du machst das sehr gut.«

Lill war verblüfft. Sie schaute auf den Brief und dann hoch zu Margaret. Nach diesen einfachen Worten der Ermutigung hatte sie nicht mehr den Wunsch zu fliehen. Stattdessen fasste sie Vertrauen und dachte: »Nun, wenn sie meint, ich sei gut, dann muss das wohl stimmen. Ich denke, ich sollte bleiben.«

Lill blieb bei der Carhartt Overall Company ... einundfünfzig Jahre lang! Sie erlebte eine Depression und einen Weltkrieg, elf Präsidenten und sechs Premierminister – und alles nur, weil jemand die Einsicht hatte, einem schüchternen und unsicheren jungen Mädchen Selbstwertgefühl zu schenken, als es an die Tür klopfte.

Gewidmet LILLIAN KENNEDY
von ihrem Sohn JAMES M. KENNEDY
und ihrem Enkel JAMES C. KENNEDY

Lass dein Licht leuchten

> Das Genie benutzt die einfachsten Ideen.
> CHARLES PEGUY

Weit von hier entfernt in einer kleinen Stadt hatte ein junger Mann sein Geschäft eröffnet – einen Krämerladen an der Kreuzung zweier Straßen. Er war ein guter Mann. Er war ehrlich und freundlich, und die Menschen mochten ihn. Sie kauften seine Waren und erzählten ihren Freunden von ihm. Als sein Geschäft florierte, vergrößerte er den Laden. Im Laufe der Jahre machte er aus seinem Geschäft eine große Ladenkette.

Eines Tages wurde er ins Krankenhaus eingeliefert, und die Ärzte befürchteten, dass er nicht mehr lange leben würde. Also rief er seine drei erwachsenen Söhne zusammen und erzählte ihnen Folgendes: »Einer von euch soll mein Nachfolger in dem Unternehmen werden, das ich über die Jahre aufgebaut habe. Um entscheiden zu können, wer von euch sich am meisten dafür eignet, die Firma zu übernehmen, werde ich jetzt jedem von euch einen Dollar geben. Geht hinaus und kauft etwas mit diesem Dollar, und wenn ihr heute Abend an mein Krankenbett zurückkommt, soll das, was ihr für den Dollar gekauft habt, den ganzen Raum von einer Ecke zur anderen füllen.«

Die Söhne waren ganz aufgeregt bei der Aussicht, solch ein erfolgreiches Unternehmen führen zu dürfen. Sie gingen in die Stadt, um etwas für den einen Dollar zu kaufen. Als sie am Abend zurückkamen, fragte der Vater:

»Sohn Nummer eins, was hast du mit deinem Dollar gemacht?«

»Nun, Dad«, sagte der Sohn, »ich ging zur Farm meines Freundes, gab ihm meinen Dollar und bekam dafür zwei Fuder Heu.« Er ging kurz nach draußen und holte die beiden Heufuder. Er schnitt sie auf und fing an, das Heu in der Luft zu verteilen. Einen Moment lang war der Raum voll von Heu. Nach wenigen Augenblicken aber lag das Heu auf dem Boden verstreut und füllte nicht mehr den Raum von einer Ecke bis zur anderen, wie es der Vater gefordert hatte.

»Gut, Sohn Nummer zwei, was hast du mit deinem Dollar gemacht?«

»Ich bin ins Kaufhaus gegangen und habe zwei mit Federn gefüllte Kopfkissen gekauft.« Er holte die Kopfkissen herein, machte sie auf und verteilte die Federn im ganzen Raum. Nach und nach sanken jedoch alle Federn zu Boden, und der Raum war immer noch nicht gefüllt.

»Und du, Sohn Nummer drei«, sprach nun der Vater, »was hast du mit deinem Dollar getan?«

»Ich nahm meinen Dollar, Dad, und ging zu so einem

Laden, wie du ihn vor Jahren gehabt hast«, erzählte der dritte Sohn. »Ich gab dem Besitzer meinen Dollar mit der Bitte, ihn zu wechseln. Fünfzig Cent gab ich für etwas wirklich Wertvolles aus, genau wie es in der Bibel steht. Dann gab ich zwanzig Cent an zwei Wohltätigkeitsorganisationen in unserer Stadt. Zwanzig weitere Cent stiftete ich der Kirche. Ich hatte jetzt also noch zehn Cent. Und von diesen zehn Cent habe ich zwei Sachen gekauft.«

Der Sohn fasste in seine Tasche und holte eine Kerze und eine Streichholzschachtel heraus. Er zündete die Kerze an, machte das Licht aus, und der Raum war gefüllt. Von einer Ecke zur anderen war der Raum voll – nicht mit Heu und nicht mit Federn, sondern mit Licht!

Der Vater war hocherfreut. »Gut gemacht, mein Sohn. Du wirst mein Nachfolger werden, denn du hast eine wichtige Sache im Leben verstanden. Du hast begriffen, dass du dein Licht leuchten lassen musst. Und das ist gut.«

Nido Qubein

Die vollständigen Ausgaben sind unter den folgenden Titeln in der Verlagsgruppe Random House GmbH erschienen:

»Hühnersuppe für die Seele in Arbeit und Beruf« (21639)
»Hühnersuppe für die Seele für Frauen« (21546)
»Hühnersuppe für die Seele für Christen« (21649)
»Hühnersuppe für die Seele für Jugendliche« (21590)
»Hühnersuppe für die Seele für Mütter« (21564)
»Hühnersuppe für die Seele – Weitere Geschichten, die zu Herzen gehen« (21638)
»Hühnersuppe für die Seele für Tierfreunde« (21563)
»Hühnersuppe für die Seele für Kinder« (21589)
»Hühnersuppe für die Seele für Partner« (21565)

Abdruckgenehmigungen

Der hässliche Welpe. Nachdruck mit Genehmigung von Angel Di Benedetto. © 1997 Angel Di Benedetto.

Nur an ganz gewöhnlicher Dienstag. Abdruck mit Genehmigung von Dorothy Walker. © 1993 Dorothy Walker.

Gottes Lektionen. Abdruck mit Genehmigung von Jennifer Rhea Cross und Gary W. Cross. © 1998 Jennifer Rhea Cross.

Schatz, du setzt dich besser erst mal hin. Wiederabdruck mit Genehmigung von Sheryl Nicholson. © 1997 Sheryl Nicholson.

Die kleine Hündin, die keiner wollte. Nachdruck mit Genehmigung von Jan K. Stewart Bass. © 1997 Jan K. Stewart Bass.

Der alte Fischer von Mary Bartels. Erstveröffentlichung in der Zeitschrift *Guideposts* (Juni 1995). © 1995 *Guideposts*, Carmel, NY 10512.

Hoffe auf ein Wunder. Abdruck mit Genehmigung von Dawn Stobbe und Meg Lundstrom. © 1996 Dawn Stobbe und Meg Lundstrom. Auszug aus der Zeitschrift *Woman's World*.

Angel *in unserem Garten.* Genehmigter Nachdruck aus der Zeitschrift *Guideposts*. © 1995 *Guideposts*, Carmel, NY 10512.

Wir sind nicht allein. Abdruck mit Genehmigung von Mary L. Miller. © 1996 Mary L. Miller.

Engel auf Erden. Abdruck mit Genehmigung von Vera Fortune und Steve Baal. © 1996 Vera Fortune und Steve Baal. Erstveröffentlichung in der Zeitschrift *Woman's World*.

Miss Lilly. Nachdruck mit Genehmigung von Joyce Ayer Brown. © 1996 Joyce Ayer Brown.

Eingeschneit. Nachdruck mit Genehmigung von Susan G. Fey. © 1996 Susan G. Fey.

Jemand, der auf mich Acht gibt. Abdruck mit Genehmigung von Sharon M. Wajda. © Sharon M. Wajda.

In Gedanken bei dir. Abdruck mit Genehmigung von Alicia von Stamwitz. © 1998 Alicia von Stamwitz.

Der Weihnachtspfadfinder. Abdruck mit Genehmigung von Stephen C. Bogan. © 1997 Samuel D. Bogan.

Eine Legende über die Liebe. Abdruck mit Genehmigung von LeAnn Thieman. © 1998 LeAnn Thieman.

Großmama Ruby. Abdruck mit Genehmigung von Lynn Robertson. © 1996 Lynn Robertson.

Ein Freund am Telefon. Nachdruck mit Genehmigung von Jennings Michael Burch. © 1966 Jennings Michael Burch.

In der Sonntagsschule. Abdruck mit Genehmigung von Susan Webber. © 1997 Susan Webber.

Die Hündin, die als Antwort kam. Nachdruck mit Genehmigung von Jennifer Warnes und Shawnacy Kiker. © 1997 Jennifer Warnes und Shawnacy Kiker.

Nach vierzig Jahren. Wiederabdruck mit Genehmigung von Linda O'Camb. © 1997 Linda O'Camb.

Die kleinen roten Stiefel. Abdruck mit Genehmigung von Jeannie S. Williams. © 1998 Jeannie S. Williams.

Ein Engel in Uniform. Wiederabdruck mit Genehmigung von Jeannie Ecke Sowell. © 1997 Jeannie Ecke Sowell.

In jedem Frühjahr blüht der Flieder. Nachdruck mit Genehmigung von *blue jean magazine*. © 1996 *blue jean magazine*.

Die Verbindung zu den Menschen. Abdruck mit Genehmigung von Joel Walker und Laurie J. Walker. © 1998 Joel Walker.

Gib es weiter. Nachdruck mit Genehmigung von Dr. Kenneth G. Davis. © 1996 Dr. Kenneth G. Davis.

Kelly, der fliegende Engel. Abdruck mit Genehmigung von Louise R. Hamm. © 1998 Louise R. Hamm.

Mit dem Herzen sehen. Nachdruck mit Genehmigung von Kathe Neyer. © 1997 Kathe Neyer.

Die weiße Gardenie. Abdruck mit Genehmigung von Marsha Arons. © 1995 Marsha Arons.

Becky und der Wolf. Nachdruck mit Genehmigung von Penny Porter. © 1997 Penny Porter.

An meinem Traum festhalten. Nachdruck mit Genehmigung von Ashley Hodgeson. © 1996 Ashley Hodgeson.

Glauben. Abdruck mit Genehmigung von Laverne W. Hall. © 1996 Laverne W. Hall.

Therapeutisches Reiten. Nachdruck mit Genehmigung von Bill Holton. © 1997 Bill Holton, entnommen dem *Woman's World Magazine*.

Eine Lady namens Lill. Nachdruck mit Genehmigung von James C. Kennedy. © 1996 James C. Kennedy.

Lass dein Licht leuchten. Nachdruck mit Genehmigung von Nido Qubein. © 1996 Nido Qubein.

Register

A
Abenteuer 108, 155
Abgrund 154, 166
Abmachung 137
Abschleppwagen 164
Abschlussball 182
Adoption 134
Aids 22, 25f.
Aidsvirus 22f., 24
Aktivitätsleiterin 78f.
Alkoholmissbrauch 166
Altenheim *siehe* Senioren-Pflegeheim
Altenpflegerin 78
Altes Testament 120
Amerika 107f.
Angst, Ängste 26, 51ff., 63, 65, 73, 118, 129, 148, 182
Anmut 125
Annonce 135f.
Anouilh, Jean 11
Anteilnahme 80
Anwalt 32
Arbeit 77, 81
Arbeitssuche 208
Arche Noah 121
Ärger 23, 87
Arme-Leute-Viertel 100
Arzt, Ärzte 51, 122, 145, 158f., 172, 203, 206, 211
Arztpraxis 165
Ashe, Arthur 131
Atlantikfrachter 107
Aufmerksamkeit 170
Aufregung 118
Augenlicht 88f., 91, 177f.
Augustinus 200
Austern 47
Auto 70
Autobatterie 164f.

B
Baby 29, 31
Bademantel 19
Ballkleid 182
Baseball 21
Basketball 22, 25
Baumhaus 56, 64
Bedürfnisse 23
Behörden 33, 135
Beifall 198f.
Berater 117
Beschützer 22, 26
Bestimmung 31
Beten 83
Betreuung 137
Bibel 64, 213
Bilder 23, 72
Biopsien 53, 55
Blähungen 50
Blindenführer 178
Blindenhund 178
Blindenstock 87
Blindheit 177
Blumengeschäft, -laden 18, 94, 180
Blumenhändler 94
Blumenschachtel 95, 97f.
Blut 21, 24, 146
Blutbanken 145
Bluter 25
Blutgruppe 145f.
Blutkonserve(n) 21f., 24
Bluttransfusion(en) 26, 145
Botschaft 63
Brandblasen 157
Briefträger *siehe* Postbote
Bücher 23, 125
Büroarbeit 110
Bürokratie 60

C
Campbell, Thomas 92
Campingplatz 163f., 167
Cather, Willa 145
Charakter 126, 175
Chemotherapie 52f.
Chrysantheme 48
Claim 107
Cocker, Joe 124
College 64, 139, 182

Colton, Charles C. 195
Cowgirlstiefel 141ff.

D
Dalai Lama 14
Dankbarkeit 90, 128
Depression 87, 210
Deuteronomium 99
Drogensucht 166

E
Ehe 27f.
Eierstockkrebs 50
Einstellung 77
Emerson, Ralph Waldo 181
Emotionen 152
Engel 63f., 74, 147, 168ff.
Entbindungstermin 29
Enthusiasmus 78
Entscheidung(en) 31
Entschlossenheit 173
Entspannungstherapeutin 202
Enttäuschung 63
Entzündungen 36f.
Erfahrungen 82
Erfolg 62
Erinnerung(en) 95, 117
Erleichterung 129
Ermutigung 210
Erntedankfest 139

F
Fahrstuhlführer 116
Familie 25, 48, 61, 63, 66f., 74, 86, 116, 118, 122, 139, 145ff., 159f., 166, 175, 191, 204
Familienangehörige, -mitglieder 25, 166
Familieneinkommen 207
Familienersparnisse 107
Familienkonferenz 61
Farm 141, 143f., 170
Federn 212
Fehldiagnose 87
Fehler 209
Feindseligkeit 166
Fisch 47
Flats 100, 102f.
Fliederfest 148, 151
Football 21
Formalitäten 33
Freude 16, 26, 78, 81, 91, 99, 102, 104, 124, 126, 129, 159f., 206
Freudentränen 206
Freund(e) 25, 52, 62, 116, 120, 171
Freundlichkeit 81, 117
Freundschaft 40, 64, 155
Friede 63
Frust, Frustration 62, 87
Führung 126
Furcht 51
Fürsorge 81, 190

G
Galileo 193
Garderobe 78, 176
Garfield, James A. 56
Gasthaus 18f.
Gebet 124, 200
Geburtstag 118, 138, 142, 180
Geburtsurkunde 133
Geduld 77, 90
Gefühle 128, 181
Gehirn 23
Gehör 89
Gehorsam 125
Gehorsamsübungen 175
Geldbörse 50, 54
Genesung, Genesungsprozess 39, 53
Gesangskarriere 124
Geschäftsbüro 208
Geschäftssinn 110
Geschenk(e) 48, 91, 99ff., 138, 140f.
Gespräche 110
Gleichmut 125
Glück 17, 69
Glücksbringer 55
Glückwünsche 20
Gold 107

Golden Retriever 124, 175
Goldman, Emma 107
Goldmine 107, 110
Gott 23, 26, 46, 48, 52, 62f., 74, 124, 129, 206
Gottesdienst 122
Groll 124
Großzügigkeit 103

H

Hämophilie 21, 24f.
Harndruck 51
Hausaufgaben 23
Haushälterin 65
Hautkrebs 46
Heilkräfte 42
Heiratsantrag 27
Herausforderung 89
Herzanfall, -infarkt 65, 181
Heu 212
Hierarchie, spirituelle 14
High School 22, 59
Hilferuf 63
Himmelsaugen 123
Hindenburg, Paul von 117
Hindernisse 199
Hispano 61
Hochzeit 112
Hochzeitstag 18f., 92
Hochzeitswalzer 20
Hoffnung 55, 166, 198, 204f.

Hoffnungsschimmer 166
Honig 113f.
Hubschrauber 85f.
Hubschrauberlandeplatz 85
Hund, Hündin 11ff., 35ff., 65ff., 122ff., 170, 175ff., 184
Hundeerziehung 125
Hundemarke 146
Hunger 38

I

Impulse 125
Indianer 123
Intensität 82

J

Jesaja 122
Jesus 121
Johannes Paul II. (Papst) 45
Jugendliche 57
Jugendzentrum 62
Junggeselle 27

K

Kanüle 23
Karmapa 14ff.
Karriere 126
Kerze 213
Kind(er) 23, 27, 30, 51f., 63, 65ff., 69, 84, 93, 113, 118, 123

Kindheit 21, 143, 148
King, Martin Luther 163
Kipling, Rudyard 184
Kirche(n) 122, 200, 213
Kleidung 81
Klinik *siehe* Krankenhaus
Kloster 12, 14
Kontakt 126
Kosmetikstudio, -salon 56f., 62
Kraft 46, 88
Krämerladen 211
Krankenhaus 18, 22, 29, 31, 33, 45, 53, 73, 84f., 145f., 158f., 166, 175ff., 211
Krankheit 38, 46, 48
Krawattennadel 128
Krebs 40, 51, 53, 127
Kreuzfahrt 133
Krieg 145
Krise 138
Krücken 165, 205f.
Kummer 103, 138, 146, 182

L

Lachen 89, 99
Ladenkette 211
Laufwettbewerb 197f.

Lebendigkeit 124
Lebensgeschichte 136
Lebensmut 53
Lebensunterhalt 65
Lebertransplantation 83f., 86
Lehrer(in) 63, 79, 126, 150, 152f.
Leichtathletik 197
Lektion 113
Licht 213
Liebe 26, 52, 63, 79, 81, 90f., 107, 112, 129, 141, 189, 191
Liebeslied 129
Lobo 187f.
Lockenwickler 19
Longfellow, Henry Wadsworth 75
Loyalität 90
Lufttaxiservice 85
Lüge 134

M
Mead, Margaret 83
Medikamente 24, 37, 52
Medizinstudenten 165
Meinungsverschiedenheit 117
Minengeschäft 108
Mitgefühl 38
Mönch(e) 12ff.
Multiple Sklerose 202ff.
Multiple-Choice-Fragebogen 27
Musik 23, 124
Mut 198f.
Mutter Teresa 207
Mutterschaft 202

N
Nachfolger 211, 213
Nachthemd 19
Nachwirkungen 123
Narkose 55
Nationalpark 156
Natur 126, 189
Nebenwirkung 50
Neugier 126
Neurologe 203
Nikolausstrümpfe 100
Not 41, 69

O
Operation 52, 177
Östrogene 50

P
Panik 71
Paniksignale 157
Pascal, Blaise 161
Peguy, Charles 211
Pfarrer 52
Pflegefamilie(n) 30, 117
Phantasie 181, 184
Polizei 57, 60, 115f.
Pony 141ff., 168ff.
Postbote 92, 119f.

Priester 200
Proust, Marcel 105
Psychologiestunde 148

Q
Qualifikationen 79
Qualitäten 17

R
Radiosender 85
Rechenschaft 130
Rechtsanwalt 137f.
Redewendung 152
Regenschirm 201
Reise(n) 125, 133
Respekt 16, 25, 66
Ricky-Ray-Gesetz 25
Rollstuhl 172ff., 203
Rosen 95ff.
Rumi 161

S
Samariter 74, 167
Sanftheit 176
Sattel 168
Schäferhund 65
Schaukelstuhl 93f.
Scheidung 170f.
Schicksalsreise 41
Schicksalsschlag 87
Schlaganfall 122
Schmerz(en) 40f., 46, 50, 118, 130, 158, 160
Schneemassen, -wehen 83f.

Schneesturm 83
Schönheit 183
Schreibmaschine 209
Schuld 23
Schule 23, 60ff., 67, 207
Schulung 28
Schulungsseminar 29
Schutzwall 111
Schwangerschaft(en) 29
Schwefel 154ff.
Schweitzer, Albert 43, 77
Schwierigkeiten 199
Seele 49
Seelengeschwister 41
Sehschwäche 177
Sekretariat 208
Selbstbewusstsein 183
Selbstmitleid 87
Selbstwertgefühl 211
Senioren 82
Senioren-Pflegeheim 77ff.
Siegel, Bernie S. 21
Sinne 89
Soldat 146f.
Sonntagsschule 77
Sozialamt 137f.
Sozialarbeiter(in) 31, 135f.
Sozialeinrichtungen 29

Sozialsystem 30
Sozialtherapie 175
Spaß 81, 137
Spaziergang, Spaziergänge 112, 128, 202, 206
Spekulationen 180
Spiel(e) 113, 121
Spielkameraden 184
Sportler 63
Stammgast, -gäste 18f.
Stärke 198f.
Steakessen 19
Stoßgebete 72
Swimmingpool 21
Symptome 22, 50, 83

T
Tagesroutine 27
Tagträume 180
Talisman 128
Tankstelle 164
Taxi 19
Teenager 180
Teppich 113f.
Terrier 36
Therapie 166, 172
Therapiehund 175
Tibetterrier 11, 16
Tierarzt 36, 41, 127f., 177, 187f.
Tod 24, 26, 120, 123, 129f.
Tollwut 186f.

Tradition, buddhistisch-tibetische 14
Tragödie(n) 122f., 130
Trainer 63
Traum 108, 110
Trauma 172
Traurigkeit 22
Trockenheit 200
Tulpen 18
Tumor 52
Tumormarker 51
Twain, Mark 193

U
Überlebenschancen 53
Umgebung 89
Unfallstelle 73f.
Unsicherheit 182
Unternehmensberater 195
Unterstützung 112

V
Valentinstag 92
Vandalismus 56
Verantwortung 169
Verbindung 41
Verbrechen 56
Verbrennungen 158f.
Verdienste 15
Verhalten 125
Verlassenheit 182
Verspieltheit 38
Verständnis 63, 134

Vertrauen 16, 88, 155, 210
Verwandte 80, 99
Verwirrung 22, 166
Verzweiflung 71, 88
Vietnam 165
Vinzenz von Paul (Heiliger) 9
Visualisierungsübungen 53
Vorfreude 109
Vormund 59f., 62
Vorstellungsgespräch 29
Vulkan 156

W
Wahrnehmungsvermögen 73
Waisenhäuser 117
Wanderungen 110
Wärme 126
Warten 83
Wassermassen 111
Wechseljahrsbeschwerden 50
Weihnachtsfeier 99
Welpe(n) 11ff., 35, 38, 184, 188, 192
Weltkrieg(e) 117, 210
Weltsicht 125
Wendungen 27
Werbefirma 195
Wetterwechsel 200
Wettrennen 171
Wildman, Donald E. 175
Williamson, Marianne 141
Willkommensritual 190
Witze 23
Wohlbefinden 128
Wohltätigkeitsorganisationen 213
Wohnmobil 163, 165, 167
Wohnsitz 59, 62
Wolf 184ff.
Wundbrand 187
Wunden 181
Wunder 42, 50, 54f., 189

Y
Yellin, Jamie 148

Z
Zaumzeug 169
Zeitung 135, 140
Zeitungsanzeigen 135
Zertifikat 78
Zorn 182
Zuneigung 66, 190
Zutrauen 42
Zuwendung 53
Zweifel 119

Kleine Geschenke des Lebens

640 Seiten

Jack Canfield und Janet Switzer machen ihre Leser zu Kapitänen des eigenen Lebens. Ihr Buch weist ihnen die Richtung und stattet sie mit allem aus, was sie auf ihrer Reise zu Glück, Erfolg, Wohlstand und Erfüllung brauchen. Mehr als 60 lebenspraktische Tipps und Glaubenssätze in unverwechselbarem Canfield – Stil motivieren dazu, das Steuer selbst in die Hand zu nehmen, den eigenen Kurs zu finden und ihn mit Energie und Zuversicht bis ans Ziel zu verfolgen.

www.goldmann-verlag.de
www.facebook.com/goldmannverlag